ハラスメントの境界線

セクハラ・パワハラに戸惑う男たち

白河桃子
相模女子大学客員教授
少子化ジャーナリスト

656
中公新書ラクレ

ペスメストの 宗教観

モンテーニュ、パスカル、司馬遼太郎たち

白河桃子

中央公論大学大学院
1981〜2003年

はじめに　日本はハラスメント後進国です

セクハラ、パワハラの法律が厳しくなります——

「え、ふだんの会話もなくなっちゃうよ。もう女性とは話せないな」
「もうなんでもハラスメント、ハラスメントって、嫌になっちゃうよね！」
「広告や発言もすぐ炎上するし、言葉狩りじゃない？」
「上司が萎縮して適切な指導ができない」

そんな人にはぜひ読んでほしい本です。これを機会にハラスメントへの認識や理解をアップデートしてみませんか？

平成も終わる2019年の初めから、就活セクハラ、『週刊SPA！』への大学生の抗議など、さまざまな事件が起きています。前年のユーキャン新語・流行語大賞には「悪質タックル」「奈良判定」「時短ハラスメント」「#MeToo」というハラスメントに関連する言葉が4つノミネートされました。

最近の事件では、大手ゼネコン大林組の社員が就職活動でOB訪問に来た女子大学生にわいせつな行為をしたとして逮捕されましたよね。就活セクハラで逮捕者が出たのです。「許せない！」「キャリア終わったな。コイツ」という声もありますが同時にこんな声もあります。

「これは一部の人の個人的なことだよね」
「女子大生のほうにもスキがあったんじゃないの？」
「部屋に上がったら、OKということじゃない？」

そう思った方はぜひアップデートしましょう。私は、これも「職場領域のハラスメント」と思っています。多くの女子大生が「断ったら不利になるかもしれない」と思ってしまうパワーの関係が明確だからです。しかし均等法のセクハラの定義は労働者しか対象にしていません。「就活中の学生を守れる法律に改正を」と、そんな動きもあります。『ビジネスインサイダージャパン』がこの「就活セクハラ問題」を重視し、早くから記事にしています。緊急アンケートでは「約5割の学生が就職活動中にセクハラ被害にあっており、そのうち約7割が誰にも相談できずにいる」とのこと。「『胸を触る・キスをされるなどの身体的な接触を受けた』『セックスを強要された』という人が多かった。また、被害にあったほとんどの人がその企業の選考や内定を辞退していた」と記事にあります（「OB訪問で自宅や個室で性行為強要、2人に1人の学生が就活セクハラ被害に。『選考有利』ちらつかせ」『ビジネスインサイダージャパン』2019年2月15日）。「資料がある」などといって自宅に連れ込む悪質な手口もあります。少数ですが男子学生の被害もあり、就活自体をやめてしまった人もいます。

そもそも「自宅に上がったら、何をしてもOK。一緒に酒を飲んだらそのつもりがある」のでしょうか？　日本の法律はまだ変わっていませんが、海外では「同意のない性行為は違法」となっています。日本の法律もいずれ変わるでしょう。恐怖やパワーダイナミクス（この場合、就活における圧倒的な力関係）の上で、**はっきりと断れなかったとしても、それは「同意」ではありません。日本の感覚のまま海外で働くようなことがあ**

ると、犯罪者になってしまう恐れがあります。まさにアップデートが必要です。

「ヤレる女子大生ランキング」に抗議した大学生グループは、その後編集部と対話し、『週刊ＳＰＡ！』になんと「家に泊まっても性行為ＯＫじゃない？ 男女の性的合意のズレを考える」という記事が載りました。「性的同意」とは、性的な行為に及ぶ際にお互いの同意を得ることです。「イヤよイヤよも好きのうち」「押しが強いほうがモテる」は通用しないことがわかります。女子学生など若い人たちが「性的同意を文化に」という活動をしています。冊子を大学に配ったり、動画を配信したり。なかなか難しい問題ですが、彼らが頑張っているので、法律よりも若い世代の常識になるほうが早いかもしれない。この点もぜひ知っておいてほしいです。

「男全部がセクハラ野郎ではないし、痴漢でもない。一部のひどい奴のせいで迷惑」と思っている方。本当にそのとおりです。

このムーブメントは男性にも悪いことではありません。おっしゃるとおり、**一部の「ひどい奴」が、セクハラやパワハラで職場の雰囲気を悪くし、生産性を下げ、仕事の邪魔をしているのです。さらに会社全体をリスクに陥れます。**男vs.女ではないのです。

中には「パワハラで困っている部下を助けたい」「セクハラで嫌な思いをしている女

性社員を助けたい」と思っても、「自分の今後のキャリアを考えると言えない」と、望まないのに「加害者に加担した」人もいるでしょう。

誰もが加害者になり被害者になる可能性もあります。私も「あちゃー、10年前に書いたあれはもう今では許されないな。おじさんって単語も大丈夫かな?」と日々アップデートを心がけています。それでも次から次に変化は訪れます。

また取材をすればするほど思うのが**「セクハラがある場には必ずパワハラがある」**ということです。その同じ場で、主に女性はセクハラにあい、男性はパワハラにあっています。そこには別種のハラスメントもあるでしょう。そういう組織が多い日本では、学校には「スクールセクハラ」「アカハラ（アカデミックハラスメント）」があり、スポーツ界には「体罰を伴うパワハラ」があります。社会全体にハラスメントが横行することになります。

「すべてのハラスメントはつながっている」というのが、小島慶子さんや松中権さんと一緒に私もかかわっているプラットフォーム「#WeToo JAPAN」のサイトに記されている言葉です。

男性だってハラスメントだらけのギスギスした職場より、機嫌よく働ける職場のほうが歓迎ですよね？

同時に男性は不安にも思います。過去のアレはダメだったのか？　もしかしたら告発されるのでは？　不用意な一言でクビになるのでは？

よく「服をほめただけでクビになっちゃうんだよね」と笑い話に紛れさせる人がいますが、そういう人ほど不安なのでしょう。**ちゃんとハラスメントについて、アップデートされた意識で対処すれば「ハラスメント問題は怖くない」。相手の尊厳も自分のキャリアも、守ることができます。**生産性の高い、風通しの良い職場で日々を過ごせます。

この本は主に「職場領域のハラスメント」について、悩めるビジネスパーソンのための本です。最新のハラスメント対策や、今起こっていること、どうしたらこの「悪しき仕事の習慣」を、組織としてアップデートして、なくすことができるか、を書いた本です。

変化に戸惑う人も多いと思いますが、はっきりと認識してほしいのは、時代は変わったということです。いつから？　２０１８年4月18日からです。

テレビ朝日の女性記者からのハラスメント告発で財務事務次官が辞任を表明した日です。また財務省が公式の会見で、「セクハラは被害女性の尊厳や人権を侵害する行為であり、決して許されることではございません」と謝罪した日（同27日）。最初は「ハニートラップじゃないの？」と言われていましたが、財務省は「週刊誌でセクハラ疑惑が報じられて財務次官を辞任した福田淳一氏について、一定の事実が確認できたことから退職金を減額する方針を固めた」（『日本経済新聞』２０１８年4月27日）とのこと。

「セクシャル・ハラスメント」という言葉が新語・流行語大賞の新語部門・金賞になったのが１９８９年。それ以来の大きな分岐点、それが事務次官が辞任表明した日でした。「ハラスメントをしても仕事ができる人」は「仕事はできてもハラスメントで会社にリスクをもたらす人」になったのです。

アメリカではグーグルもアマゾンも幹部社員がセクハラで退職しています。グーグルではその幹部に多額の退職金を渡し、内密に処理しようとしたことで、従業員のデモも起きています。対処を誤るとリスクは増大します。

会社にとっても個人にとっても「ハラスメント意識のアップデート」は「社員を守る」上でも、リスクマネジメント上でも欠かせないものになっています。

それでは、4・18以降、個人は、企業はハラスメント問題とどう対峙していけばいいのでしょうか？

ハラスメント研修をして「あれはダメ、これはハラスメント」とNGワードを覚え込んでもらうことでしょうか？　それは根本的なハラスメント防止にはなりません。むしろ逆効果ということもあります。

なぜなら**ハラスメントは「個人の問題」で片付くものではない。「組織の問題」だからです。**ハラスメントをしやすい人はいますが「それが容認される風土」があるから、やるのです。どのような組織かで、ハラスメントへの認識はまったく違います。

ハラスメント問題に働き方改革で取り組むある企業は「ハラスメントを容認する風土がありますか？」という質問を四半期ごとにして、進捗のデータとしています。

職場のハラスメント問題を理解する上で大事なことがあります。

①個人の問題として捉えず組織風土の問題と捉える
②誰を守るのか？
③適法か、適切か？

②の誰を守るのか？　上司なのか部下なのか？　そして、職場のハラスメントは自社社員だけではない。取引先など第三者も多く関係します。誰を守るのかによって、企業価値が違ってきます。

日本企業はグローバル・スタンダードから20年遅れ

適法か、適切かという問いには、「適法だけでは不十分」というのが昨今のハラスメント対策でしょう。

昨年約30社で「イクボス企業同盟ハラスメント対策研究会」を実施しました。登壇した先進企業は4社。なるべく企業の皆様がホンネで話し合えるように非公開としました。財務省の事件の直後だったので、多くの日本企業の人たちが「メディアは10年、20年遅れているのではないか。うちの企業はセミナーも窓口もある」と「適法な対応をしている」ことを強調しました。そうしたらある外資系から転職した女性から「日本の企業にきてみたら、20年タイムスリップした感じでした」という発言が！

日本企業の対応が20年遅れなら、メディアと霞が関はさらに20年遅れ。なんと40年遅れです。つまりセクハラが流行語大賞をとる以前の認識しかないのです。

窓口があり、啓発研修がありと、措置義務を守っている企業でも、それだけではハラスメントは防止できない。それは昨今噴き出てくる#MeTooでもわかります。

企業にはセクハラの防止に努める義務がありますが、措置義務があるセクハラですら、それだけでは防止できない。今まで措置義務がなかったパワハラについてはもっと野放しでした。

「働き方改革実行計画」で決まり、3月の閣議決定で「パワハラ防止」は企業の措置義務とされました。また「ハラスメントは行ってはならない」という文言が報告書（「女性の職業生活における活躍の推進及び職場のハラスメント防止等の対策のあり方について」）には入っています。これに基づいて法律ができます（法審議は4月12日から）。

セクハラ、パワハラについて、新しい規定も追加されます（詳しくは154ページ［図表4-2］参照）。

近年、ハラスメントへの懲戒を取材すると多くの企業で厳しくなっていました。しかし「ちゃんと調査せずに、飛ばして（異動させて）なかったことにする」という「ことなかれ主義」の対応もあり、男性社員や上司が恐怖に怯《おび》えることになります。それは良くない対応です。通報後の納得できる対応が求められます。

申告を待つという受け身の対応ではなく、先進的な企業では、すでに申告しなくても、ハラスメントに介入する仕組みがあり、また会社のリスク、生産性、人材獲得に関わる問題として重視されていました。

この変化は「規範カスケード」といって、「社会的慣習の突然の変化をもたらす、一連の長期的トレンド」で「後戻りできない」のだそうです。トレンドは突然変わるのです（「『#MeToo』運動を機にセクハラ文化は終わるのか」『DIAMONDハーバード・ビジネス・レビュー』2018年6月号）。

後戻りできないなら、アップデートして対処するしかありません。

ハラスメントは「人権問題」でもあり、職場の生産性、リスクマネジメント、人材獲得に関わる重大問題です。人権といってもピンとこない男性こそ、もしかしたら「職場で家庭で人間として扱われていない」のかもしれません。

でもそんな時代も終わりです。**仕事という枠に人間を当てはめる仕事中心のマネジメ**

ントから、個々をありのままに大切にする「人間中心」のマネジメントへ。時代は動いていきます。企業はそうしないと生き残れないからです。

組織で未然にハラスメント防止をすることは、個人にとっても大事です。内藤忍さん（労働政策研究・研修機構副主任研究員）は多くのセクハラ、パワハラ事案を調査してきた経験から「労働局で相談や調停をしても和解金は非常に安く15万～30万ぐらい。そこに至る時は被害者は会社を辞める覚悟ですし、心身に不調をきたし、その後正社員に復帰できない人も多いのです。セクハラに限らないハラスメント被害の２０１７年の連合の調査によれば、被害者の33・１％が心身に不調をきたし、夜眠れなくなったり（19・３％）、人と会うのが怖くなったり（12・２％）しています」と深刻な被害を語っています。上司は悪気がなく指導や恋愛のつもりでも、これだけの被害があるのです。

ぜひ、この本をきっかけに、ハラスメントへの認識や対応をアップデートして、悪しき労働文化とはさよならしていきましょう。

目次

第5章　#MeToo以降のハラスメント対策最新事情
組織がハラスメントをアンラーニングするために……159

編集協力／有馬ゆえ
図表作成／酒井栄一
表作成・本文ＤＴＰ／市川真樹子

ハラスメントの境界線

セクハラ・パワハラに戸惑う男たち

第1章
ハラスメントを気にする男たち

メーカー勤務（40代）Aさん「いやいや、服をほめてもクビになっちゃうの？　いろいろ大変な世の中になりましたよね。ハラスメントハラスメントだよね（笑）、これテレビで言っていたんだけれど。セクハラなんて、相手がどう感じるか次第なんだから、もう仕方がない。だいたいセクハラもパワハラも個人的なことでしょう。同じことを言っても、よく思われる人と悪く思われる人がいるんだから」

同社（30代）Bさん「ちょっとめんどうだなと思います。女性と会話するときに、『あれ、この発言っていいんだっけ？』って気を使う。女性の部下とは1対1にならないように、会議室のドアも開けておくようにする。でも部長世代の人は、めんどうだなと言うだけで、相変わらずな感じです。取引先との懇親会で、若い営業担当の女性をホステス扱いにしたりして。うちは古い体質で、未だ女性が電話をとることになっているような会社です。なかなか、僕からそれってセクハラですよとは言えない」

「生きづらい世の中になったよね……」

これは、ある50代後半の男性がハラスメントについて漏らした一言です。

この章では主に、最近の世の中の情勢に男性たちがどう感じているのかを探ってみます。主にセクハラについて扱いました。なぜならセクハラは、一番男女で感じ方が違う項目だからです。

#WeToo JAPAN「ゼロハラ」プロジェクトで大規模調査を依頼（関東圏約1万2000人、インターネット調査）したところ、「女性の70％、男性の32・2％が電車や道路で何らかのハラスメントを経験している」ことが明らかになりました（26ページの［図表1-1］参照）。女性のほうが被害体験は倍以上多いのです。電車に乗れば「痴漢はいるかもしれない」と思っている女性と、体験したことがない男性では、世界の見え方も違ってきます。

また同調査で興味深いのは「冤罪があるかもしれないので痴漢を告発するときにはよく考えるべき」で「そう思う」女性は14・9％。それに対し男性が31％と、とても差が大きいことでした（「女性7割が被害を経験――公共空間ハラスメント調査」『週刊金曜日オンライン』2019年2月12日）。**男性と女性にとって、見えている世界は違い、まだ男**

図表1-1　ハラスメント経験に関するアンケート

電車やバス、道路などで
以下12のハラスメント行為

- 自分の体を触られる
- 体を押し付けられる
- 洋服などを汚される
- 故意に付きまとわれる
- 故意にぶつかられる
- 突然罵声を浴びせられる
- 性器など体の一部を直接見せつけられる
- わいせつな画像や動画を見せつけられる
- 不愉快なもの（下着など）を一方的に渡される
- 見ず知らずの異性から自分の連絡先を渡される
- いきなり手を握られる、腕を掴まれる
- 性的なからかいをうける

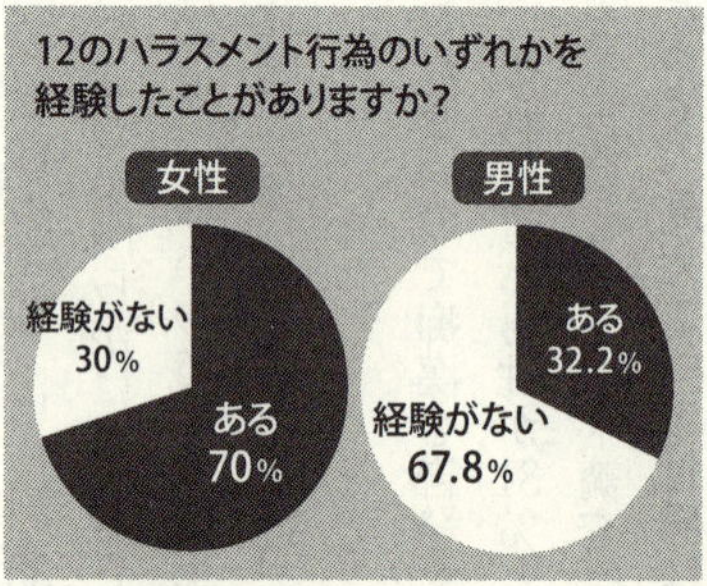

出典：#WeToo Japan によるハラスメント実態調査（2019年、調査協力：荻上チキ、永田夏来、妹尾麻美）、図は『BuzzFeedNews』より

性が「冤罪」を恐れていることがわかります。この違いを踏まえながら、男性たちの声を年代別に聞いてみましょう。

冒頭に出てきた50代後半の男性は、中堅メーカーに勤めるササキさん。

昨今のセクハラに関するニュースを見て、こんな風に思っているそうです。

昔はプライベートの話をするのは、普通のコミュニケーションだったんですよ。職場の潤滑油！　でも今は、セクハラだって言われるんでしょ？　何か言ったらセクハラになるんじゃないかと思ったら、怖くて何も話せないよ。

そもそも職場なのですから仕事の話だけすればいいのでは？　とも思いますが、彼らが若い頃の常識「女性はアシスタント、補助的な仕事」そして、「女性は職場の花」という表現が許された時代。確かにギャップがあるのかもしれません。

私も「営業アシスタント」女性として、バブル時代に商社勤務のＯＬとなったのが社会人スタートでした。彼らの戸惑いもよくわかります。

しかし時代は変わりました。

その場を盛り上げるためのオイシイ〝見た目イジリ〟も、「美人だね」「イケメンだね」といった〝ほめ言葉〟も、親しみの表れとしての〝頭ポンポン〟や〝名前呼び〟も、結婚や出産といった〝今後の展望〟も、すべてセクハラ？　ちなみに厚生労働省が公開している「セクシュアルハラスメントについての従業員用アンケート例」の「次のようなことはセクシュアルハラスメントに当たると思いますか」の項目は以下のとおり。

- 容姿やプロポーションについてあれこれ言う
- 性的な冗談を言う
- 肩、手、髪に触る
- 職場の宴会でお酌やカラオケのデュエットを強要する
- 女性労働者にのみお茶くみを強要する
- 「おじさん」「おばさん」「○○クン」「○○ちゃん」と呼ぶ
- 「女性は職場の花でよい」「男のくせに、女のくせに」と言う
- 「結婚はまだか」「子どもはまだか」と尋ねる

ササキさんは1990年代前半に入社し、同じ企業に27年勤務しています。男女雇用機会均等法は1986年施行ですが、まだまだ90年代の職場は「男女が同等に働く」環境にはほど遠かったのです。

「セクシャル・ハラスメント」がユーキャン新語・流行語大賞の新語部門・金賞をとっ

たのが１９８９年ですが、今は「セクハラ」と思われる言動も、当時は許される風土がありました。しかし、**「一度の失言が命取りになって、即刻クビになってしまうのでは？」といった考えは、大きな誤解です。一度の失言ですぐさま通報されて解雇処分になるといったことはほぼ皆無です。**

こうした言動の多くは、反復性と連続性を持ったときに深刻なハラスメントと化します。**何度も繰り返し、長い期間行うことで「何気ない言動」が耐え難い「ハラスメント」に変わる**のです。ハラスメントで誰もが気をつけたいのは、無意識にハラスメントをしてしまうこと。自分で意識せずに現れた言動だからこそ、おのずと反復性、連続性を持ってしまうのです。

ササキさんが「働く女性の変化」を感じたのは、初の「東大卒総合職女性」が職場に入って来たこと。彼女に「お茶くみを頼んでいいかどうか」が論争になったそうです。

> 入社した当初、お茶くみは女性社員の仕事というのが不文律でしたね。お客さんが来ると、上司はいつも同期の女性たちに向かって「誰かお茶出して」って言うんですよ。アルバイトが来る日はアルバイトの子がお茶くみを頼まれていましたが、

それでも男性アルバイトがお茶を入れてくれと言われるのは見たことがありません。当時はやはり男が外に出て仕事、女は家庭に入るというのが当たり前のムードだった気がします。
同じ課に優秀な東大卒の女性がいたんです。彼女は入社2年目に同じ東大卒の男性と結婚したのですが、結婚式には彼の勤め先のお役所の偉い人がずらりと列席したそうです。全員があいさつの締めの言葉に「○○さんには早く仕事を辞めて△△くんを支えていただきたい」と言ったらしいんですよ。列席していた弊社の社長や役員はびっくりしたそうです。そして、彼女は当然のように寿退社していきました。

寿退社という言葉は1990年代には女性のライフコースとして当然なものと扱われていました。さらにササキさんは、また別の女性社員がセクハラで退職したことを語ってくれました。

入社して3年ほど経った頃だと思います。同期の女性が「上司からのセクハラに耐えきれない」と会社を辞めていったんです。実は一度、「常に上司からの視線を感じる」「飲み会でいつも上司が手を触ってくる」といったことを相談されたことがあったんです。でも、聞いている私は「へぇ、相手のことを好きだったら嫌じゃないのになぁ」とピンと来ていなかった。今考えると、彼女が考えているようには深刻には受け止められていなかったんですよね。辞めるほど深刻な悩みだと思いませんでした。

辞めていった同期は既婚者だったので、ササキさんはその女性が既婚者だから上司の恋愛感情をセクハラと感じているのだろうと考えていたそうです。もし、同期の女性が独身であったとしても、セクハラはセクハラでしょう。たぶん当時のササキさんに見えている以上に、つらい目にあって退職を決意したのではと思います。

セクハラと「大人の駆け引き」の勘違い！

事例を見ていると、主に50代以上の男性たちが職場で起こすセクハラ事件は、本人たちは「恋愛」と勘違いしている場合も多いのではないでしょうか？

10年以上前の本ですが、『壊れる男たち──セクハラはなぜ繰り返されるのか』（金子雅臣著、岩波新書）では、労働相談に長く関わる著者が「セクハラ加害者」について、こう書いています。

繰り返される事件を見ていると、ある種の権限をもっていたり、それなりの立場にある加害者男性が、その権限や立場に慣れすぎてあまりにも自覚がないと思われることが多い。いや、それ以上に、男性としての優位性に慣れすぎてしまっていると思われることもある。

本書には派遣社員や部下という職務上弱い立場にある女性たちにセクハラ、性犯罪被害を告発され、「合意だったはず」「なりゆきで」と言い訳する無自覚な加害男性がたくさん出てきます。

職場の上下関係を忘れて、「個人的な男と女の関係であると錯覚して、プライベートな感情に浸りきって逸脱してしまうことが多い」加害者である上司や雇い主の姿が浮かび上がります。「うちも景気が悪く、2人ほどクビを切ろうと思う」と切り出してから、関係を迫る上司などのケースは、明らかな「対価型セクハラ」（後述）です。被害者と加害者はパワーダイナミクスの中の上下関係にある。だからこそ誘いを断れなかったり、時には言いなりになる。被害者から見たらそれは仕事上の関係。加害者から見たら「男女の駆け引き」だったりします。**自分の持つパワーに無自覚な人は気をつけたほうがいいでしょう。**

自覚的な人は非常に注意しています。もちろん女性から男性へのセクハラもありますが、なぜか圧倒的に加害行為は男性から女性、または男性から男性。「男女の性は非対称」なのです。

ネットニュース編集者の中川淳一郎さんは、男女のセクハラ感覚の違いについて対談でこう語っています。

「男と女性のセクハラ感覚の違いについては、ネットでもたくさん出てきているんです。典型的なのは、30代の女教師が中学生男子とセックスして逮捕されるような話。『中学生がうらやましい』と思う男もたくさんいるわけ」

「これが『男は女性が大好き』の典型的な表れで、女性のセクハラ感覚とは根本的に違うんです」

(「男女で『セクハラ感覚』がズレまくる根本背景」『東洋経済オンライン』2018年12月21日)

だからこそ**パワーを持つ側になったら、自覚的に気をつけることがリスクを減らします**。もちろん大人の恋愛は自由です。ただ、パワーの上下がある場合は、自分のキャリアを台無しにしてもいいと思うほどの気持ちがなければ、踏み出さないほうがいいでしょう。自分に自信がない人は「夜6時以降は女性の部下や取引先とは二人きりにならない」などの自主ルールを設けるのもいいかもしれません。

「大人の駆け引き」のつもりでも、無自覚なひどいセクハラ・パワハラ被害で、多くの人がメンタルを病んだり、仕事を辞めたりしています。中には性犯罪と言えるほどの被害も。そして、被害のトラウマで次の仕事に就けず、非正規社員になる場合も多いそうです。

業績良ければすべて良しは終わった

最後にササキさんは、自身のセクハラ観についてこんな風に本音を語ってくれました。

> ＃MeToo運動の初めの頃、有名俳優ケビン・スペイシーがセクハラの加害者として失墜していきましたよね。でも、それだけで彼の仕事がすべて評価されなくなってしまうことが解せないんですよ。すばらしい仕事をしていることと、私生活で間違ったことをしたことは違うのに、と思ってしまう。もしかしたら、これが私の限界なのかもしれませんけど……。

これは「業績はすべてを癒す」という考え方ですね。

2018年1月、掲示板サイト「発言小町」に、「セクハラ発言した人が昇格」というタイトルの投稿がありました。同僚からの「セクハラ発言がつらい」と会社に相談した女性のトピ主（投稿者）。ところがその後、トピ主さんは異動で職場を離れることになり、セクハラ発言をした当人は昇格するという噂《うわさ》を聞いたそうです。「上司にその噂を聞いたことを軽く話したら、気にするなと言われて終わりました」とトピ主さんは綴《つづ》っています。

こんな風に**セクハラは「耐えられない軽さ」で扱われてきた**のです。しつこいセクハラ発言で体調を崩したというトピ主に対する、発言小町読者からのレスポンスには、「トピ主は会社の利益に貢献しているのでしょうか？（中略）もう一度言いますが、会社にとって大事なのはトピ主の体調ではなく利益です」というものがありました。まさに「仕事・利益＞セクハラ」の良い例です。

詳しくは第3章で述べますが、財務省の事件のとき、同じような意見がありました。実際にある男性が「財務事務次官まで行くような人が、女性のセクハラ告発でクビになるなんて、世の中変わったね」と驚いていましたから。その人も50代です。しかし、**「業績が良ければハラスメントをする人材でも構わない」という認識は、財務事務次官が辞任した２０１８年4月18日をもって変わったわけです。**今は経営者であっても、国会議員、首長であっても、辞任になっています。それは組織のリスクマネジメント上の問題です。映画などは共同の著作物ですから、ケビン・スペイシーのすべての作品が否定されることはないでしょう。一緒に映画をつくった人だって、それは望まない。ただ、今後「このような俳優が関わるとリスクがある」と感じる仕事仲間はいるでしょう。

しかし、50代のササキさんのハラスメントに対する認識は、かなりアップデートが必要かもしれません。

まずは、自分の会社の就業規則などを見てみてください。会社としてはどのような行為をハラスメントとし、またどのような段階の懲戒があるのか、きちんと就業規則に定めている企業もあります。

ハラスメントの定義と種類

ここで、職場におけるセクハラの定義を見てみましょう。厚労省のパンフレットによると、38ページの［図表1－2］のようなものになっています。この「対価型セクハラ」で近年ひどい被害があったのが「就活セクハラ」。『ビジネスインサイダージャパン』が問題視して記事を出し、大林組、住友商事の社員が逮捕されています。

図表1－2 職場におけるセクシュアルハラスメントの定義と種類

均等法上の「職場におけるセクシュアルハラスメント」とは

職場におけるセクシュアルハラスメントは、「職場」において行われる、「労働者」の意に反する「性的な言動」に対する労働者の対応により労働条件について不利益を受けたり、「性的な言動」により就業環境が害されることです。

職場におけるセクシュアルハラスメントには、同性に対するものも含まれます。

職　場	事業主が雇用する労働者が業務を遂行する場所を指し、労働者が通常就業している場所以外の場所であっても、労働者が業務を遂行する場所であれば「職場」に含まれます。
労働者	正規労働者のみならず、パートタイム労働者、契約社員などいわゆる非正規労働者を含む、事業主が雇用する労働者のすべてをいいます。 また、派遣労働者については、派遣元事業主のみならず、労働者派遣の役務の提供を受ける者（派遣先事業主）も、自ら雇用する労働者と同様に、措置を講ずる必要があります。
性的な言動	性的な内容の発言および性的な行動を指します。 事業主、上司、同僚に限らず、取引先、顧客、患者、学校における生徒などもセクシュアルハラスメントの行為者になり得るものであり、女性労働者が女性労働者に対して行う場合や、男性労働者が男性労働者に対して行う場合についても含まれます。

「職場におけるセクシュアルハラスメント」の種類

対価型セクハラ	労働者の意に反する性的な言動に対する労働者の対応（拒否や抵抗）により、その労働者が解雇、降格、減給、労働契約の更新拒否、昇進・昇格の対象からの除外、客観的に見て不利益な配置転換などの不利益を受けることです。
環境型セクハラ	労働者の意に反する性的な言動により労働者の就業環境が不快なものとなったため、能力の発揮に重大な悪影響が生じるなどその労働者が就業する上で看過できない程度の支障が生じることです。

出典：厚生労働省「職場のセクシュアルハラスメント対策はあなたの義務です!!」

就職活動のOB訪問に来た女子大学生にわいせつな行為をしたとして、警視庁三田署が、大手ゼネコン「大林組」（東京都港区）の社員を今月18日に強制わいせつ容疑で逮捕していたことが明らかになった。

（『毎日新聞』２０１９年2月22日）

多くの学生は「選考に響くかもしれない」ので、相手の言うことをきくしかないというパワーダイナミクスを、加害者は悪用しています。企業は至急、「懲戒規程には『業務時間内・外にかかわらず、当社への就職希望者と性的関係を持つこと及び、持ちかけること』が対象になると、はっきり明記する必要がある」と記事にはありました（「大林組社員が『就活セクハラ』で逮捕。激変する採用戦線に対応できない企業の行き着く先」『ビジネスインサイダージャパン』２０１９年2月21日）。まさに早急に調査や懲戒をしなければいけない問題です。

またハラスメントには、ＬＧＢＴ、性的少数者の方に対する「ＳＯＧＩハラ」や、妊娠・出産で理不尽な退職や配置換えを強いたり、嫌味を言ったりする「マタハラ」、「育休を取ったら降格するぞ」などと男性を脅す「パタニティハラスメント＝パタハラ」などさまざまなものがあります（42～43ページの［図表1-3］参照）。

種類が多いのですが、**ハラスメントはやる側が「……のつもりだった」というのはあまり問題ではありません。**国際的には「被害者がどのような被害を受けたかによってハラスメントであるかどうかを認定すべき」と大和田敢太氏（滋賀大学名誉教授）は言っています（『Works』152号、リクルートワークス研究所）。**ハラスメントは「人権侵害」**なのです。

労働を考えたとき、海外では必ず人権が配慮されます。特に顕著なのはヨーロッパです。一方、日本は働く人の人権というものがほとんど意識されず、議論もまったくされません。

労働者が健康に生きる権利、しっかりと睡眠を確保する権利、プライベートライフを確保する権利。日本は、こうした権利に関して配慮がない先進国なのです。国際的には「人格や尊厳を侵害し、労働条件を劣悪化しあるいは労働環境を毀損する目的または効果を有する行為や事実」（大和田氏）がハラスメントです（前掲誌）。

40代男性にとってのハラスメントとは？

次に話を聞いたのは、中小企業に勤める男性サイトウさん（40代）です。前職は大手広告代理店系の中堅企業で、広告の制作業務に携わっていました。

> 前職の企業に立ち上げメンバーとして就職したのは、2010年代でした。広告業界ですから、いわゆる体育会系の男性社会。女性の容姿や外見はいじってナンボみたいな価値観は、もちろんありました。ちょっとセクシーな服を着ていたら言わないと失礼だし、飲み会ではボディータッチが当たり前みたいなノリですよね。

広告業界というと、ブロガーのはあちゅう（伊藤春香）さんと高橋まつりさんの事件が思い出されます。はあちゅうさんは、以前勤務していた電通の上司によるパワハラを告発。高橋まつりさんは、勤務していた電通で違法な長時間労働の末に過労自死しましたが、その裏には上司によるハラスメントもあったといわれています。

ネトハラ	
インターネット上の中傷や嫌がらせを指す言葉。インターネットの特性上匿名による中傷なども多く、真偽不明なフェイクニュースとして広く流布してしまうこともある。	• あるときから「交際させてほしい」との電話がかかってくるように。調べてみると、インターネット上の掲示板に氏名、電話番号、「恋人募集」などのコメントが勝手に掲載されていることが判明した。 • 企業名や氏名、住所とともに、「〇〇を暴行してやる」「〇〇を殺す」との書き込みがインターネット上の掲示板に掲載される。
モラハラ	
一般的に精神的な暴力、嫌がらせを指すが、これはパワハラとされる行為6類型（身体的な攻撃、精神的な攻撃、人間関係からの切り離し、過大な要求、過小な要求、個の侵害）の一つに当てはまり、パワハラの一部と言える。	• 毎回、チームで自分だけがミーティングに呼ばれず、事前に情報をもらえるよう頼んでも、無視される。 • 一緒にいても、他の人たちにだけ話しかける。こちらから話しかけようとするたびに、ため息をつく、ばかにしたように見る。 • 同僚や上司の前で、性格に問題があるように流布され、信頼を失わせるようなことを言われる。
レイハラ	
人種、民族、国籍に関する、不快かつ不適切で配慮に欠く言動。	• 接客中に外国人であることが分かった途端、「日本人に代われ」「まともな日本語を話せ」と言われる。 • 職場に外国人（特定の国籍や、人種、民族を含む）を馬鹿にするポスターなどを貼られる。 • 外国人に対し、日本人と比較して、職種や能力、業務内容等からみて合理的な理由がないにも関わらず、賃金に差をつけられる。
障害ハラ	
障害者に対し、精神的・身体的苦痛を与える又は職場や修学環境を悪化させる行為。	• 健常者の社員と同等の仕事をしているにも関わらず、合理的な理由もなく何十年も昇給・昇格がない。 • 自分の障害の箇所を揶揄されたり、嘲笑される。 • できない仕事を依頼され断ると、「他の人はやってるけど？　こんなこともできないのなら辞めた方がいい」と言われた。

出典：#WeToo Japan サイト

図表１－３ ハラスメントの種類

セクハラ	
職場において行われる性的な言動に対する労働者の対応によりその労働条件について不利益を受けたり、性的な言動により就業環境が害されること。	• 事務所内において上司が労働者の腰、胸などに度々触ったため、その労働者が苦痛に感じてその就業意欲が低下した。 • 不必要に「肩が凝ってそうだね」といって肩を揉み、いやだと伝えてもやめない。
パワハラ	
同じ職場で働く者に対して、職務上の地位や人間関係などの職場内での優位性を背景に、業務の適正な範囲を超えて、精神的・身体的苦痛を与える又は職場環境を悪化させる行為。	• 些細なミスに対して、「存在が目障りだ、居るだけでみんなが迷惑している。お願いだから消えてくれ」「給料泥棒」と、皆の前で大声で叱責される。
マタハラ	
妊娠・出産したこと、妊娠・出産のための制度を利用したこと等に関して、上司・同僚が就業環境を害する言動を行うこと。	• 妊娠中につわりがひどいので短時間勤務制度を利用したら、「妊娠は病気じゃない。迷惑だ」と繰り返し言われて、働きづらくなった。 • 上司・同僚が「妊娠するなら忙しい時期を避けるべきだった」と繰り返し又は継続的に言い、就業をする上で看過できない程度の支障が生じる状況となっている（意に反することを明示した場合にさらに行われる言動も含む）。
SOGI ハラ	
好きになる相手の性別（性的指向：Sexual Orientation）や自分がどの性別かという認識（性自認：Gender Identity）について、差別的な言動や嘲笑、いじめや暴力などの精神的・肉体的な嫌がらせを受けること。	• 職場での飲み会等でいわゆる「ホモネタ」「レズネタ」、「ホモって気持ち悪い」といった差別的な言動等を浴びせられる。
ケアハラ	
育児や介護のための制度を利用したこと等に関して、上司・同僚が就業環境を害する言動を行うこと。例えば、育児や介護をはじめとする家族的責任に関連して、「もう帰るの？」「そういう人は戦力にならないから」「いつからちゃんと働けるの」などの心無い言葉を言ったり、仕事をさせない、あるいは過大な仕事を押し付けたりするなどの行為。	• 介護休業について請求しようとしたところ、同僚らから「自分なら請求しない。あなたもそうすべき」と度々言われ、制度を利用させてもらえない。 • 介護休暇を申請したところ、「奥さんにやってもらえばいい」「親御さんが介護の人に重要な仕事は任せられない」と言われ、降格させられた上、もっぱら雑務のみをさせられる。

サイトウさんいわく、特に広告業界の営業職はハラスメントを容認する雰囲気があり、クライアントの無茶ぶりに体を張って応じるといったことも日常茶飯事だったそう。セクハラというと、同じ立ち上げメンバーである営業職の男性を思い出すと話します。


悪ノリが過ぎるヤツだったんです。飲み会ではひどい下ネタをガンガン言うし、親会社とのカラオケで盛り上げるために全裸になって逆立ちしたりするのも普通。話術が達者で下ネタを笑いに転換する能力も高かったから、営業らしい盛り上げ役のお祭り野郎っていうキャラでした。

あれは、今でいうセクハラですよね。同席していたときは喜ぶふりをしているだけの女の子もいたと思います。僕だって別に、男の裸なんか見たくないし。でも仕事がものすごくできるヤツだったし、立ち上げメンバーだったのもあって、誰も何も言えないというムードでしたね。実際、ランチをしているときに同期の女性から「困っちゃうよね」と言われたこともあります。僕はそういう人がいるのもわかっていたから、「そうだよね、言っとくね」って返事をして。

同席していたときは、僕も行きすぎなときに「やりすぎ！」ってツッコんだり、

「脱ぐな脱ぐな」って冗談めかして止めたりしていたんですよ。下の立場の人には止められませんからね。かといって、盛り上がってるのに真面目なトーンで注意すると、キツく響いてしまう。空気を乱すわけにはいかないですしね。

サイトウさんのように、率先してセクハラをしない男性でも、その場の空気を壊さないように同調して「加害者に加担」してしまう様子がよくわかります。**職場のセクハラは個人の問題というより、組織、風土の問題であることが多いのです。**

このような「男性の多い体育会系」いわゆるホモソーシャルな会社では、新人は最初に「イニシエーション（通過儀礼）」を受けます。某代理店では「一気飲みをするときの腕の角度」まで教えられるそうです。

しかし最近の若い男性たちは、この「通過儀礼」を良しとしません。某大手広告代理店を辞めた若い男性に聞いたら「飲み会でワイシャツを破られるのがお約束」になっているのが嫌で辞めたそうです。若く、同調しない彼にも「脱げ脱げ」と強要するわけですね。

ちなみに「その話っていつぐらい？」と聞いたら高橋まつりさんの事件が公になった

後ということだったので、なかなか広告代理店の風土は変わらないのだとため息が出ました。

しかし風土が変わると、今までセクハラし放題だった人がコロリと変わることもあります。サイトウさんによると、先の同期の男性も転職して変わったそうです。

> 去年、彼は転職したんですが、「もう昔みたいなことはできない」と話していました。セクハラめいた発言や言動は控えるようになった、と。もしかしたら、彼も立ち上げメンバーとして会社を引っ張っているという変な自負から、なんとなく悪ノリに拍車がかかってしまった面もあるのかもしれませんよね。

「体育会気質のマッチョな風土」は彼のような無自覚な加害者を生んでしまいます。

「めんどう」は自覚が出てきた証拠

サイトウさんと同世代であっても、環境によってまったく違うという良い例が、次に話を聞いた男性です。

「同じ時代でも、うちの社ではまったく状況が違う」と話すのはフクシマさん（40代）。大手IT系企業に新卒で入社し、現在は管理職として30人のメンバーを束ねています。

うちの会社では、2000年代の早い時期にはハラスメントに関する制度が整ったという記憶があります。例えば、入社時のほか、年に一度は必ず全社員に対してハラスメント研修がありますし、セクハラ、パワハラのそれぞれについてホットラインが設置されて、きちんと機能しています。社内規約の公開、周知もされており、マタハラが話題になった際も、すぐに規約についてのアナウンスがありました。

IT業界は激務なので、もともとハラスメントが起こりやすい職場なんですよ。特にパワハラですね。オーバーワークで心身の調子を崩して会社に来られなくなる人も少なくない。一方で、人材が不足すると回すのが難しい業界でもあります。うちの会社は人数も多いので、人材を確保、維持するためには、ハラスメントの予防やケアの態勢を整えることが重要視されているんだと思います。

長時間労働で過酷な環境だからこそ、社をあげて、ハラスメント防止の仕組みをしっかりつくっているのです。

人材のケアという意味では、管理職に昇進する際にメンタルヘルスケアに関する講習があり、ケア・コミュニケーションというチームケア、セルフケアに関する検定が必須だったりもします。また、ハラスメントに限らず職場での悩みを拾い上げるため、上司と、また人事総務系の人との面談の機会が頻繁に設けられています。

大手でも多くの企業が「セクハラの防止措置義務違反」であり、パワハラ対策もお粗末だったりします。

セクハラ防止策に取り組む企業は59・2%。特に「99人以下の中小企業での対策の実施率が55・2%と低いこと、(中略)対策の内容で最も多い『相談苦情対応窓口の設置』ですら、36・5%」しかないと内藤忍さんは憂いています(前掲誌)。セクハラは企業に防止策が「措置義務」として課せられ、2020年からはパワハラ対策も同じく「措置義務」となります。

図表1－4　企業が行っているセクハラの防止対策（複数回答）

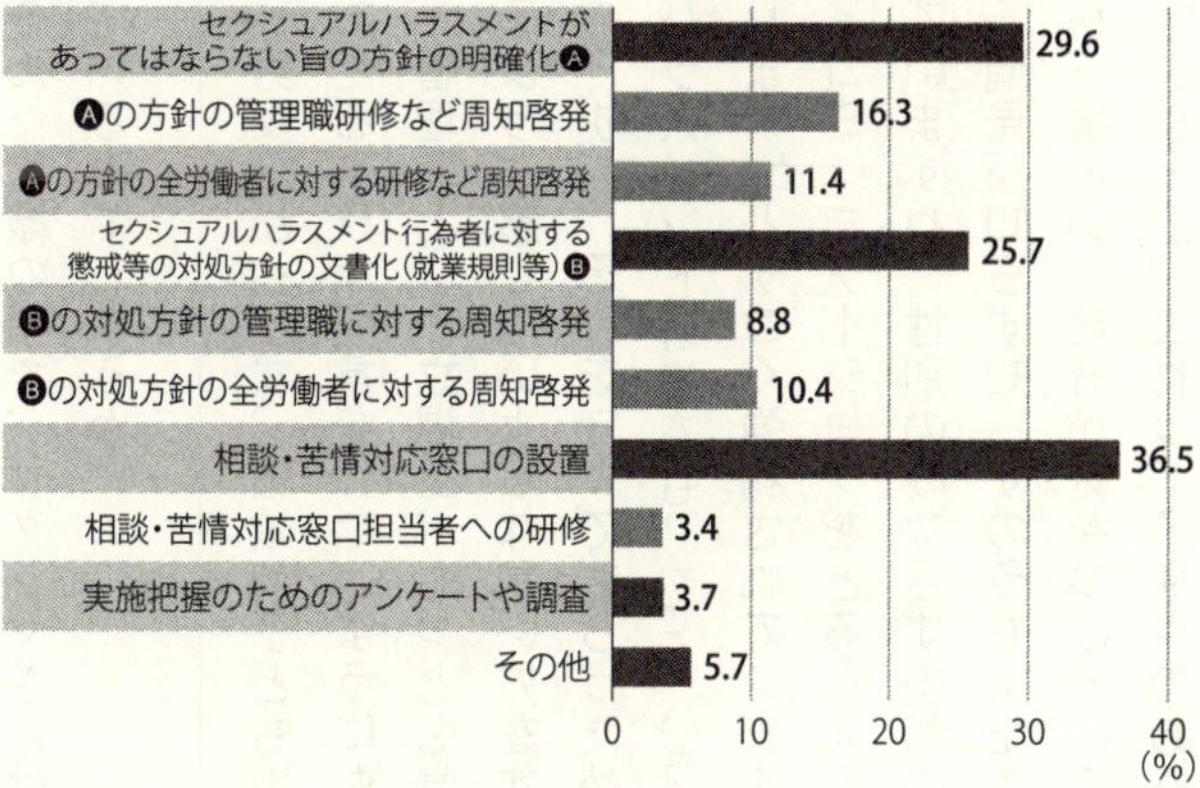

出典：「妊娠等を理由とする不利益取扱い及びセクシュアルハラスメントに関する実態調査」（労働政策研究・研修機構、2016年）

フクシマさんの職場では、開発職ということもあり、給与面や昇進の機会に関しても男女の扱いは変わらないそうです。

> 昭和的な古い体質が早くに改善されたため、少なくとも40代以下の社員には無意識にハラスメントを起こすようなムードはない。特に、セクハラに関しては「ない」です。50代の上司にはさすがに古い体質を引きずった雰囲気を感じることもありますが、若手がそんな上司の下で困っていると、自然と周りがフォローするような空気もあります。

そんな組織の中で、フクシマさんはコミュニケーションに関してどのような気遣いをしているのでしょうか。

男女かかわらず、結婚や子どもに関する話題については、セクハラ、マタハラにあたるような発言をしないようにもちろん気を使っています。

管理職という立場上、もっとも気をつけているのは、相手が何かを強制されているように感じないような言い方をすること。仕事上の細かなルールはたくさんあるのですが、それを守ってもらうためにどううまく話をするか、よくよく考えます。ハラスメント研修でも、「セクハラ、パワハラかどうかは相手の感じ方次第で決まります」とすごく強調されていますからね。

コミュニケーションをとるうえでは、自分の中の偏見が出ないように常に意識していますね。性別のみならず国籍の違うスタッフもいるので、自分の中に潜んでいる偏見が知らず知らずのうちに出て、何の気なしにハラスメントをしてしまうことが一番怖い。自分が気をつけていても、相手にはそう受け止められていないのではないか……。これは、多様性のある企業の上司たちに共通の悩みなのではないかと思います。

ハラスメントに対してかなり意識の高い職場にいても、自らがハラスメントを起こさないかと不安になっているフクシマさん。ポツリと漏らしたこんなセリフが印象的でした。

最近、「ウォール街で働く男性は、＃ＭｅＴｏｏされるのを恐れて同僚の女性とは飲み会にはいかない」みたいなニュースもありますよね。でも、そういった漠然とした不安感で社員同士に距離ができてしまうのもまた、恐ろしいなと思います。コミュニケーション不全になってしまったら、それこそ仕事に支障が出てしまいますから……。

フクシマさんが挙げているのは、世界の経済・金融ニュースサイト『Bloomberg』の記事。そこには、こんな風に書かれています。「女性の同僚と夕食を共にするな。飛行機では隣り合わせで座るな。ホテルの部屋は違う階に取れ。１対１で会うな。これらが近頃のウォール街で働く男性の新ルールだ。（中略）ウォール街全体で男性たちは今、セクハラや性的暴力を告発する『＃ＭｅＴｏｏ』運動への対応として、女性の活躍をより困難にするこんな戦略を取りつつある」（「ウォール街、『＃ＭｅＴｏｏ』時代の新ルール――とにかく女性を避けよ」『Bloomberg』２０１８年12月４日）。

女性活躍を推進する企業なら、「女性だから飲み会に呼ばない」「女性の担当者を避ける」などは本末転倒です。あくまで仕事上の男女はフェアでなければいけません。アメリカは訴訟社会なので、逆にこれも「差別」と抗議されるかもしれません。

ハラスメント対策に熱心な企業の40代の幹部はこうも言っています。「社内から、特に男性たちから『あれもハラスメント、これもハラスメントと言われるのがめんどうくさい』という声はよく聞きます。でも、その『めんどう』という愚痴は、実は最近いいことかもしれないと思っています。めんどうだと思うのは、それだけ自分の行動や言葉に気を使うようになったということ。今までは無自覚にやっていたわけですからね。うちの会社ではパワハラもセクハラも職場の生産性に関わることなので、厳しく防止するようにしています」

逆に女性が多く男性が少ない職場の課題は

職場によっては、社員の多くを女性が占めていることもあります。古い体質のままの職場において多数派である男性が権威を持つように、女性の多い職場では女性が権威をふるうことがあります。そして、セクハラのあり方も違うようなのです。

ミウラさん（30代男性）は、以前、あるメーカーで女性優位な職場の一員として勤務していました。

> 当時、僕がいたチームは20人のメンバーがいました。そのうち男性は5人でした。でもしばらくすると、男性は僕1人だけに。完全な女社会で、僕は差別されているとハッキリ感じていました。
> 男はセクハラにならないよう発言に気をつけているのに、女性側は何も気にせずにセクハラめいた発言をしてくるんですよね。例えば、男が「あのおばさんが」なんて言ったら怒るくせに、本人たちは平気で「あのクソおやじが」と陰口をたたい

ていたりする。

同僚の女性が産休を取るとわかったときに「僕も育休取ろうと思ってるんだよね」と話したら、「取れるわけないでしょ、働け」と言い捨てられたりもしました。クライアントに僕を気に入っている年上の女性がいたときは、「あの人にちょっとケツ貸して仕事取ってきなさいよ」と笑われたこともあります。

女性は確かに差別されてきたんだと思います。社会全体は確かに男性社会だし、昇進に関してガラスの天井が存在するのも事実でしょう。でも僕の接してきた女性たちは、自分たちの権利意識だけ高くて、男性が女性と同じようにしようとすることには不寛容。ダブルスタンダードが過ぎるなと常々ストレスを抱えていました。


スウェーデンのような男女平等な社会では、すでに「うちの役員会の12名のうちの7名が女性だから、下駄を履かせて男性を上にあげないと」という議論があるそうです。**やはりどちらかの性別が多すぎるのも「同質性」が高くなりすぎるので、職場のリスクになりますね。**女性誌編集者として長く仕事をしている友人は「編集部は女性、一緒に仕事をする男性はゲイの人が多いので、一度も男性からのセクハラにはあったことがない。でも、女性の上の人からのパワハラは山ほどあってます」と＃ＭｅＴｏｏが話題になったときに言っていました。

セクハラには「男らしさ」「女らしさ」といった性的役割意識による「性差別」に基づく言葉も入ります。女性に「結婚したら家庭に入るもの」という役割を押し付けるのと同様、男性に「家庭を支える大黒柱たれ」というのもセクハラにあたるのです。**セクハラをなくすためには、どちらか一方の性別が多すぎる職場から、多様な職場にしていくことも大事**ですね。また、女性がいればＯＫではありません。セクハラだと炎上したＣＭをつくった部署のチーフが女性という話もよくあります。体育会系の厳しい職場では、「名誉男性」と化した女性がパワーを持っている場合も少なくありません。その人からは男性と同じ意見しか出てこないのです。

職場の多様性の在り方を、Ｐ＆Ｇジャパンのダイバーシティ＆インクルージョン研修では、56ページの［図表1-5］のように表しています。

左下の「除外・排除」は完全に男女が別の仕事をしている職場。男性は総合職で、女性は事務職と決まっていたような昔の職場はこれでした。今でも「女性は販売員」「女性は窓口」など役割が性別で決まっている職場はたくさんあります。

図表1－5　職場の多様性の在り方

インクルージョン＝多様な価値観が認められ、組織に受け入れられている状態

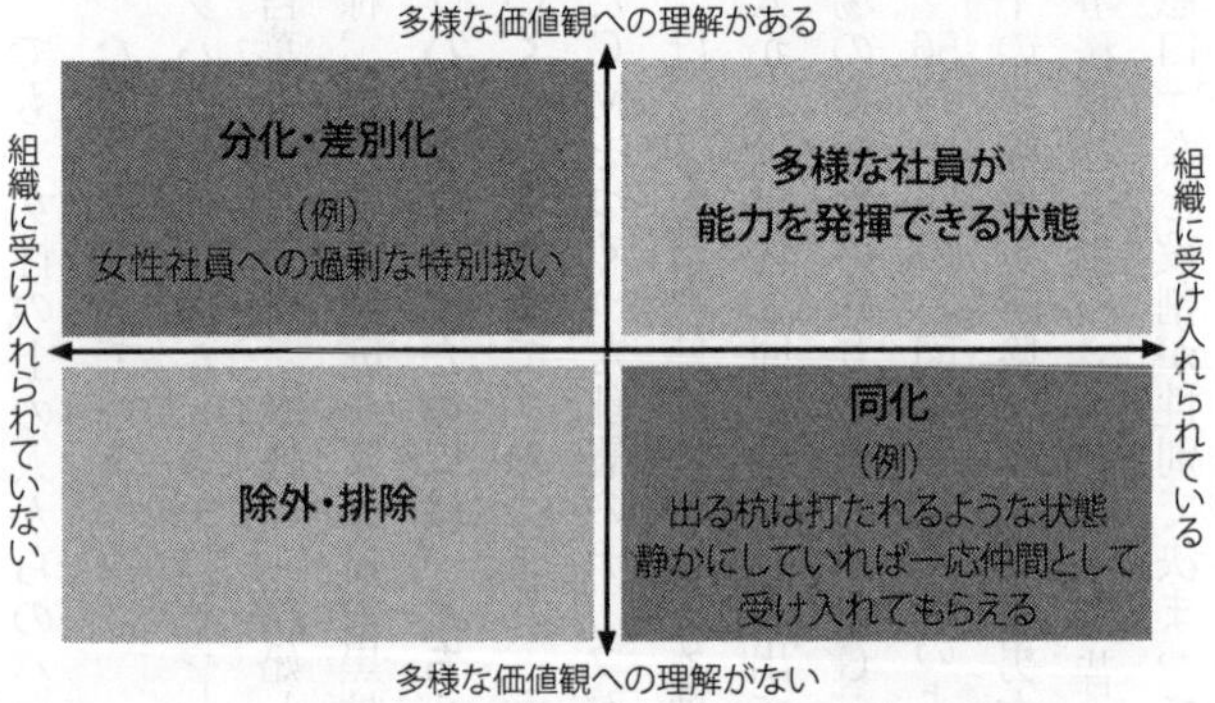

出典：P&G ジャパンダイバーシティ＆インクルージョン研修資料

右下の「同化」は、体育会系のマッチョな職場によく見られます。女性も名誉男性として扱われるように、過度に同化していきます。そこには男女がいても同質なのです。

左上の「分化・差別化」は日本の多くの女性活躍企業の実態です。子育て両立支援制度を女性にだけ手厚くする。例えば育休や時短を法定より長く取れるようにする企業など。それで女性は「マミートラック（昇進・昇格とは縁遠いキャリアコース）」に入り悩みます。上司は、「なんでこんなに制度があるのに、女性は管理職になりたがらないのか？」と嘆くのです。実は長い育休や時短は「家庭内で女性にだけ家事育児が偏る」元凶でもあります。

右上がダイバーシティ&インクルージョンができている状態です。女性、男性にかかわらず、仕事も育児も差別なくできますし、多様性が認められ、ありのままを大切にできる職場です。さて、あなたの職場はこの図のどこにあるでしょう?

右下は女性がパワーを持たない仕事をしているので、対価型セクハラの犠牲になりやすい。また一見手厚い両立支援がある左上は女性にとって良い企業そうですが、マタハラ、セクハラなどは多いでしょう。左下は、同化できない人へのハラスメントが激しそうです。また女性も「事務の女の子」ではなく、今やライバルなので、「潰し」にかかるための「いじり」「いじめ」がセクハラの形で噴出することもあります。女性も「女らしい格好をしない」「下ネタも平気で言う」ことで、仲間になって自衛しますが、実は深く傷つき、自分をすり減らしている人もいます。それを中野円佳さんは「『コイツには何言ってもいい系女子』。下ネタＯＫ、いじりＯＫ……に、見える女性たち」と名付けています(『現代ビジネス』２０１７年9月12日)。男性に過度に同化する女性の「生存戦略」が逆にハラスメントを助長していることも指摘しています。

先のミウラさんは自身について「セクハラに対してはかなり意識が高い」と自負します。前職で働くうち、セクハラをしないためにもされないためにも、職場で自らのプライベートについて話すことはやめようと決めたそう。なぜなら逆に「片働きハラスメント」にあうからです。

我が家は、専業主婦の妻と3歳の子どもの3人暮らし。当時は、「二人目は？」「奥さんを働かせないの？」と女性上司たちに言われることが、すごくストレスでした。女性に対して僕がこのセリフを言ったら、確実にセクハラだと非難を浴びるはず。それに、共働きをせずにそれぞれが仕事と家事を分担することは夫婦で決めたことです。各家庭にはそれぞれのやり方があるのに、共働きをしないことが悪だと決めつけられるのも嫌でした。

今は転職して男女比が同じぐらいの職場にいますが、それでもセクハラの種をまかないよう、常に予防線を張っています。プライベートに関しては、男同士で環境が似ているであろう人には少し話したりするけど、女性社員には絶対に言わないですね。特に時短の社員には警戒しています。

例えば、子どもと休日にどこかに行ったという話をしたとしますよね。最初はレジャーの話をしていたとしても、「お子さんは保育園？　奥さんは仕事をしてないの？　家事どうやって回してるの？」なんて話に発展しかねない。専業主婦家庭なのがわかると、なんとなく責められるようなムードを感じるんですよ。時短の人がいると、残業すらしにくいですよね。時短の人は早く会社を出なきゃいけないからキツイのはわかるけど、仕事をしているだけで「なんでそんな悠々と仕事してるの？　奥さんワンオペ？」みたいなことを言われたりして、理不尽だなと思います。

30代は「育休前提世代」です。だからミウラさんのような「差別」を感じる男性も多いのでしょう。

育児・介護休業法改正（2010年施行）で「時短」制度を設けることが義務化され、正社員女性の約7割が、第一子出産後に働き続けることになりました（内閣府発表のデータより）。時短を長く使うことで「マミートラック」に入って苦しむ女性もいます。「活躍はしなくても、女性が職場で働き続けられるようになった」のはやっと2010年からで、まだ最近のことなのです。

今の働く男女の育った家庭は、ほとんどが昭和の「性別役割分業」でした。ワンオペ育児のワンオペ稼ぎの高度成長期の家庭です。女性が働いていても働いていなくても、日本の女性の家事育児時間は男性の約5倍。これは発展途上国並みの数字です。女性が働くにしても、まだまだ「家事育児」、特に「子育ては女性の責任」という価値観は、女性も男性も根強く持っています。

男性たちの「対価」とは何か?

財務省のセクハラ事件のとき、男性記者たちにもインタビューをしてみました。男性の記者たちは同じ場所にいて、セクハラを目撃しながら、何をしていたのだろうか? 男性たちはセクハラの代わりに何を対価として差し出して情報を得ていたのか? 不思議に思ったからです。

> 対価ですか? そういわれると、「取材相手の弱みを握れ」と上司に言われたことがあります。例えば、取材相手が落としたい女性がいる飲み屋、キャバクラ、風俗などに連れていくこともありました。やっぱりシモのネタが多かった。

かつては取材者も取材相手も男性ばかりの場に、徐々に女性たちが参入してくるようになりました。そのなかで、いつからメディア女性へのセクハラが横行するようになったのかはわからない、と彼も言っています。しかし、それ以前から夜のスナック（地方の場合はスナックが多い）などで取材相手と会うのは当たり前でした。

一方、メディアの女性たちに聞くと、セクハラにあった現場は「飲み屋」「タクシー」または相手の「官舎」などでした。「スナックのママがセクハラを止めてくれた」という話も聞きます。

止められない男性記者

ある男性記者（30代）は5年前の経験を語ってくれました。

> 自分の後任の女性記者を、ある地方の有力者に紹介したんですよ。そうしたら、その場で初対面の女性記者の二の腕をつまんで、プニプニ揉《も》んでいました。今思えば、「やめましょう」と言うべきだった。その場で「あっ」と思ったのですが言え

なかったですね。

彼は目の前で後輩記者がセクハラにあっていることは意識していた。まずいぞ、止めるべきだとも思った。でも止められなかった、ということです。

この男性記者に、セクハラの代わりに男性は何を情報提供の対価としているのかと聞いたら「土下座」という答えが返ってきました。文字どおりの土下座ではなく、土下座せんばかりの関係性、相手が圧倒的に上位になる関係性に甘んじ、パワハラも我慢するということです。

「男性はパワハラにあい、女性はセクハラにあう」という職場環境があったということです。

ある男性記者は、#ＭｅＴｏｏに対する社内の上の世代からの反発を教えてくれました。そのときにかけられた言葉は、「じゃあ、お前らは鼻血が出るほど、仕事先を回ったことがあるのか」「なりふり構わず必死な取材をしているのか」というもの。

さらには、女性記者に対して「取材先のガードが緩くなるので、女性だから得をしている」「女を使って情報を得ていたのに、今さらなんだ」という声もあちこちで耳にしました。政治家に張り付くテレビ局の記者などは明らかに「若い美人」が多い。それは「女性を武器に情報をとって来させよう」という企業の戦略の問題も大きいと思っています。

しかし、いったいいつから、取材対象者は「男性記者にパワハラをしていい。女性記者にはセクハラをしていい」という〝学習〟をしたのでしょうか？

今こそ「アンラーニング」を

人材育成や組織開発などの手法に「ラーニング」「アンラーニング」という言葉があります。「ラーニング」は学ぶこと、「アンラーニング」は「いったん学んだ知識や既存の価値観を棄て去り、新たに学び直すこと」です。

現在のセクハラ、パワハラの悪循環を断つには、個人の問題ではなく「組織としてラーニングしてしまったことを、いかに捨てるか」という課題になります。

よく「思わせぶりな女性が悪い」「女を使って仕事をしている」と、セクハラされる側を責める風土があります。しかしこの場合、**アンラーニングしなければいけないのは、**

「メディアの女性にセクハラしても大丈夫」と学んでしまった「取材を受ける側」となります。ある女性記者は#ＭｅＴｏｏ運動のあと、官僚に「セクハラに強い記者を寄越しているのかと思った」と真顔で言われたそうです。

今、霞が関では、官僚や政治家、さまざまなレベルでハラスメント研修が盛んに行われています。しかし意識の低さは「驚くばかり」とのことです。組織として、職業人として、「セクハラは人権侵害であり、相手および自分のキャリアと組織のリスクとなり得る」ことを新たにラーニングしていくしかありません。**仮に相手が持ちかけたとしても「詐欺」や「汚職」と同じくらい、のってはまずい案件です。**

「女性がいかに気をつけるか」という「される側」への働きかけが多いのですが、「セクハラはうまくかわすのがスキルのうち」ということが根付いた労働環境は、とても生産性が高いとはいえません。そのために優秀な人材がメンタルを病んだり、辞めたりする。これは企業としても損失です。また次世代の女性たちはどんどん逃げていくでしょう。

セクハラをする側の「アンラーニング」、そして「セクハラ」を容認しない風土づくりを、ぜひ企業の課題としてほしいと思います。

ハラスメントの法律も厳しく

政府は2019年3月8日、職場などでのハラスメントを規制し、ハラスメントの防止義務を中小企業にも拡大する一括法案を閣議決定しました。早ければ2020年度から順次施行されます。

今まで「ハラスメントをしてはいけない」という法律はありませんでした。セクハラ罪もパワハラ罪もなかった。法改正の報告書（「女性の職業生活における活躍の推進及び職場のハラスメント防止等の対策のあり方について」）には「ハラスメントは行ってはならない」という文言が入っており、これに基づいて法律ができます（法審議は4月12日から）。

またセクハラ防止を企業に義務付けた「措置義務」と同じものがパワハラについても入ります。今までも「パワハラ、セクハラ」など「ハラスメントの通報窓口」を一括して持っている企業はあります。研修も「ハラスメント研修」として、一緒にやってきたと思います。実はパワハラ防止の企業への義務は、今まではなかったのです。それは「指導との線引きが難しい」と企業が嫌がったからです。

しかし、労働局への労働相談ではパワハラを含む「いじめ・嫌がらせ」の相談が17年度で約7万2000件と年々増加しています。これも氷山の一角でしょう。届け出ない、誰にも相談できない人がほとんどです。厚労省の16年度の調査では、企業で働く人の3人に1人が「過去3年間にパワハラを受けたことがある」と回答していました。

施行の時期は、早ければ大企業が2020年4月、中小企業が22年4月の見通しとなっています。

「ああ、まためんどうだ」と思われますか？　しかしこれは職場で働く人全体にとって決して悪いことではありません。男性だってパワハラ、セクハラがない職場で働くほうがいいでしょう。横で「ああ、止めなきゃいけないけれど、止められない」と、望まないのに加害者や傍観者になってしまうのも嫌ではないですか？　なぜなら止めたらパワハラされるかもしれない。報復されるかもしれない。今後の法律には「被害を申告した人に対する不利益な取り扱いの禁止」も入っています。**これは「ハラスメントを容認する職場風土」を変えたい人と変えたくない人の戦いです。**どちらの側につきたいですか？

第2章

女性から見たハラスメント

営業女性怒りの覆面座談会

人事担当のCさんの話です。

上層部から「ハラスメント対策をやって」と言われています。でも、こんな意見が多いのです。

「何がセクハラかっていうと、結局は相手の感じ方次第でしょう？　僕がやったらセクハラで、キムタクだったらいいって話でしょう？」

「あ、部長、それまずいですよって思うときがあるんですよ。でもね、彼が飲み会の席で、新人の若い女性を隣に座らせて、カラオケで肩組むのなんて、昔からやっていることだしね。女性のほうもニコニコしている。なかなか僕の立場では止めるのは難しい」

「営業の女性で明らかに、女性だから得をしている。クライアントのアポを取りやすい人っていますよね。女であることを利用しているのに、それでセクハラとか言われても、ちょっとなんだかなと思います」

こんな中でハラスメント対策をしていくCさんの悩みは深いのです。それでは女性たちはどう思っているのでしょうか？　「セクハラにあったことがない女性営業はいない」といわれる、営業女性の皆様にお話を伺ってみました。
前章ではハラスメント問題に対する男性の戸惑いや本音を見てきましたが、女性から見たハラスメント問題を語ってもらいます。

［座談会出席者プロフィール（仮名）］
- 佐々木さん（20代後半・食品会社勤務）
- 羽田さん（30代前半・生命保険会社勤務）
- 近藤さん（30代後半・メーカー勤務）
- 中野さん（40代前半・コンサルティングファーム勤務）

セクハラの元凶は40代後半以上のバブル世代

白河　今日は、さまざまな企業で営業として働く女性の方に集まってもらいました。営業職は、クライアントとのお付き合いがあってこそ。そのためか、「女性営業でセクハラにあったことのない人はいない」という話を聞いたりもします。皆さんには、その実態についてお話しいただければと思います。

羽田　私は生命保険会社で個人向けの営業をしています。お客さんでそれほどひどい人はいないんですが、「どうせ枕営業やってるんでしょ」と言われたことがありますね。そういう業界イメージのようです。そのお客さんとは、契約してくれるといっても、もう関わらないようにしています。

中野　私の職場でも、接待で先方の部長と同席すると両脇に女性営業が座らされるのは、私が入社した頃から変わりませんね。太ももに手を置かれたりして、本当に嫌でした。

佐々木　新入社員の頃は、どうしていいかわからない。その手を払って何か言われても嫌だし、他の人の担当だったらなおさら何もできない。その得意先の担当じゃなくても、営業だからって女性社員が〝接待要員〟として連れて行かれたりするじゃないですか。

羽田　仕事のできる先輩女性に「うまくあしらうのがスキルの一つ」と言われたことがあります。でも、もうそういう時代でもないでしょう。私もずっと我慢していたし、もっと若い世代は明らかに嫌がっています。

図表2－1「職場」とは

事業主が雇用する労働者が業務を遂行する場所を指し、労働者が通常就業している場所以外の場所であっても、労働者が業務を遂行する場所であれば「職場」に含まれます。

●「職場」の例

- 取引先の事務所
- 顧客の自宅
- 出張先
- 取引先と打合せをするための飲食店（接待の席も含む）
- 取材先
- 業務で使用する車中

●勤務時間外の「宴会」などであっても、実質上職務の延長と考えられるものは「職場」に該当しますが、その判断に当たっては、職務との関連性、参加者、参加が強制的か任意かといったことを考慮して個別に行う必要があります。

出典：厚生労働省「職場のセクシュアルハラスメント対策はあなたの義務です!!」

ポイント　男女雇用機会均等法におけるセクハラでは、職場とは会社内だけではありません。打ち合わせ（接待も含む）のために行く飲食店や、相手の自宅なども入ります［図表2－1］。

　また、企業は社内だけでなく、取引先などのセクハラなどからも従業員を守らなければなりません。

白河　百十四銀行の元会長は、接待に自社の女性を連れて行って、その女性が取引先からセクハラにあった。でも元会長はセクハラを止めなかった。それが告発されて辞任していますよね。営業担当でもなんでもない取引とは無関係の若い女性をそもそも接待の席に同席させることがおかしい。昔はよくあることだったかもしれませんが、もう許されないとはっきりわかる事件だったと思います。

中野 うちの社長はわかっていないのかもしれません。今でもうちの社長、得意先との電話で「うちの女の子連れていくんで」って平気で言いますよ。

羽田 「クライアントなんだから」って半ば強制ですよね。残業代の出ない仕事です。

営業スキルにセクハラ対応は必要か?

白河 ところで、生命保険というと個人営業ですよね。かつては、男性のお客さんと飲みに行ったり、合コンをセッティングしたりということもあったと思いますが。今は?

羽田 男性のお客さんから二人きりの飲みに誘われることは、必ずあります。保険の場合、そうした会食は個人間のやり取りで接待ではないんですが。好きで行く人もいるし、契約欲しさに嫌々行く人もいます。「合コンに誰か連れてきて」と言われたり、お客さんと同僚との飲み会に呼ばれたりもしますね。

佐々木 危なくないんですか?

羽田　私は手が伸びてきても「何やってるんですか」って冗談交じりに払えるタイプですけど、それができない子は悩みますよね。露骨に「枕営業」と言う人もいます。

白河　どうあしらうんですか？

羽田　低レベルな人だなと思いつつ、「そういう人もいるんですかね、他社はよく聞きますけど」って。

そもそも社内にも問題が……

羽田　でも、セクハラがひどかったのは、前職の大手金融系生命保険時代の社内の上司なんです。生保って2、3年で定期的に支社長が変わるんですが、入社後、すぐに異動してきた支社長がセクハラ上司だったんです。親近感が湧くからって名前をちゃん付け、呼び捨てで呼んだり、「頑張れよ」みたいな感じで手を握ったり、頭をポンポンしてきたり、肩をもんできたり。

近藤　その人、バブル世代じゃないですか？　飲み会はカラオケが定番で、デュエットで肩を組んだり腰に手を回したり……。

羽田　そうそう、そうです！　営業所には100人近い営業がいますが、その全員が被害にあっていました。

近藤　40代後半以上のバブル世代は、セクハラの元凶ですよね？　私はメーカーで働いているのですが、50代のワンマン社長のセクハラに社内が辟易しています。

中野　うちは上層部の数人が50代なんですが、飲み会の席で酔っぱらうと服を脱ぎだすんですよ。彼ら的には定番の盛り上げ方らしくて、セクハラだなんて気づきもしない。クライアントの担当者として同世代が出てくると、懇親会の席でみんなで脱ぐんだそうですよ。

近藤　最悪……。うちの社長は言葉のセクハラがエグくて、昼間の職場で彼氏がいないことにツッコんだり、彼氏がいればいたで「結婚する前に子どもとかつくんなよ」、結婚していれば「そんなに遅く帰って大丈夫なの？　子どもつくらなくていいの？」なんて言ったり。「最近、お尻大きくなったんじゃない？」なんて体形をいじってくることも普通です。

ポイント　環境型セクハラの典型的な例ですね。服を脱ぐ、言葉でセクハラをする、などもも「触らなければいい」ではなく、立派にセクハラです。

羽田「結婚してすぐ子どもとかつくっちゃわないでね。スタッフ職は別にいいんだよ、続けられるから」みたいなセリフを言われるのって、女性営業あるあるですよね。

佐々木 ですよね。私は食品会社で主に個人商店向けの営業をしているんですが、社内的に禁止の接待も「お客さんが言うんだから仕方ない」と上司が言いますし、その席ではセクハラもあります。飲み会の席で体を触られたり、下品な言葉でからかわれたり。同世代の女性営業はみんな陰で泣いてます。

社長の個人宅宛てにセクハラを通報して初めて会社が動いた

白河 同じ職場の女性営業の方々は、皆さんセクハラに耐えているんですか?

近藤 そうですね。うちの場合、セクハラ上司と話をすることすら嫌だって鬱に近い状態になった人、それで退職した人、コンプライアンス部門に匿名で相談した人もいます。しかも、何人も。でも「匿名だから実在しないんじゃないか」と言われてしまうみたいで……。会社が動かないんですよね。

白河　それは通報窓口が機能していないですよね。報復が怖くて実名でなんて絶対通報できない。本来は通報したら調査が入るべきだし、報復禁止措置があるべきですが。

佐々木　うちも社内外にホットラインがあって、先輩で通報した人もいたんですが、話にならないと言っていました。コンプライアンス室に50代男性しかいないから、仕方ないって。

中野　うちみたいな40人規模ぐらいの企業なんて、コンプライアンス室もホットラインもありませんよ。

白河　それは措置義務違反！　セクハラ対策については、大企業ではかなり整備されているのですが、窓口はあっても機能していない。また中小企業ですと、窓口や研修がない場合も多いです。

ポイント　企業には措置義務があります。防止のために相談窓口を設置する、研修を行うなどです。しかし「窓口がある」＝「法的にＯＫ」ではセクハラ・パワハラは防げないことがわかります。窓口があっても「通報しにくい」なら、それは機能していないのです。法的にはOKかもしれませんが、放置しておくと、生産性が落ち、退職者が出るなど、職場にとっては大きなマイナスになります。まったく「通報がない」のが良い会社ではなく、「ちゃんと通報があり、調査し、対応し、懲戒がある」のが良い会社です。

羽田　前職は大手金融系なので、本社は整備されていたのかもしれません。ただ、現場レベルで適用されていたかと言うと疑問です。私、2016年末に前職を辞めた理由がセクハラなんですよ。

白河　そうなんですか？

羽田　毎日毎日セクハラを繰り返されて、仕事を続ける気力がなくなってしまったんです。決定的だったのは、心底嫌になっていた時期に、「肩ももうか」って支社長に手を置かれた日の出来事でした。私は「やめてください」って手を振り払ったんですが、その日の夜、上司にあたる同じ年の男性に「謝りに行こう」と諭されて。彼のさらに上司から「あの態度は何だ」と怒られた、と。その話を聞いて、私はもうこの会社にはいられないと辞める決意をしたんですよね。

中野　それで、謝りに行った？

羽田　はい。

白河　ひどいですね。支社長はどんな反応だったんですか？

羽田　わかったならいいよ、みたいな。立場的な部分も含めて、上司の気持ちもわかるんですよ。上司ももっと上の人に気遣って、部下を守れない。ただ、これを耐え忍ぶ意味ってなんだろう、と。実は、それまでも匿名でコンプライアンス室に通報したり、本社宛てで手紙を出したりしたことはあるんです。でも、会社は絶対に動かなかった。本社としては、支社長をそこに配属すると決めた役員の名前にも傷がつくからという事情もあったらしくて……。結局、社内政治が優先されるんですよね。でも、辞める前にどうにかしたいなと思ってて。

近藤　どうしたんですか？

羽田　初めは実名でコンプライアンス室に言おうかとも思ったんですが、会社が動かないなら社長を動かそうという発想になったんです。社長宛てに抗議文を送っても秘書止まりになる。だから、社長の自宅を調べて。辞職願を出し、休職中に社長の個人宅宛てで手紙を出しました。支社でセクハラが多発していて、本社に掛け合ってもこういう対応ですって。

白河　英断ですね。支社長は？

羽田　それからは人事異動が早かったようです。支社長は降格して本社のどこかに飛ばされ、営業所には新しい支社長がきて雰囲気がガラリと変わったと聞きました。

佐々木　結局、そこまでやらないと会社は動かないんですね。

白河　#MeTooのムーブメント以前に……。勇気がいりましたよね。報復が怖いから、辞めるときに思いきったんですね。

羽田　ただ絶望的なことに、その支社長は以前も別の営業所でセクハラで降格になっているんだそうです。そこからまた昇格して支社長になっているので、今回もまたほとぼりが冷めたら、役員の誰かにひっぱりあげられて出てくるのかなって。会社としては人材不足もあるんでしょうし、社内政治もあるんでしょうし、セクハラ対策だけでケアできる話ではないなと感じます。

女性を武器にするのは一部の人だけなのに

中野　セクハラに苦しめられる一方で、セクハラを助長したのは女性側でもあるかもしれない、と思わされることもあります。同時期に入社してきた20代半ばの女性営業が、女を武器にするタイプだったんですよ。

佐々木　いますよね。飲み会に行くときも、露出の多い服で行っちゃったり、飲み会の席でお客さんにベタベタ触ったり。

中野　お客さんと二人でタクシー乗っていなくなっちゃったり、平気でする人。彼女はやっぱり業績がよかったんですよ。それで役員たちは、「女はかわいくてきれいなほうが営業成績がいい」みたいなことを言いだして。

羽田　そう、数字がいいんですよね。

近藤　同期の女の子が病みませんか？　「自分もやらなきゃ」って思うけど、できない。上手にお酌もできないし、触られたりなんて嫌だし。

中野　そうなんです。女性は、不快だし自分たちもやらされて嫌だしで、彼女のことを好きになれない。でも役員たちは、「若くないからやっかんで」と彼女をかばうんです。結果、彼女は寵愛を受けて職位もどんどん上がっていきました。

白河　でもそれって、たまたまのサンプル1ですよね。そういう人が一人いると、その人の売り上げは高いけど周りのモチベーションはすごく下がるから、逆に全体としてはマイナスになるぐらいだったりするかもしれないのにね。

中野　しかも、彼女が辞めた後に担当についた女性営業は、得意先に目の前で「前の担当者の子のほうがいいんだけど、なんで替わっちゃったの？」と言われたそうです。ため息が出ますよね。

近藤　女性営業の先輩後輩の関係だと、セクハラに関する相談も多いですね。

羽田　保険営業の場合、40代後半以上のベテラン女性営業だと、「しょうがないよね、ああいう世代だから」「任期が終わったらすぐ異動するから」っていう感覚なんですよね。でも20代ではそうはいかない。若手が定着しないですよね。

佐々木　若いと得意先にも付け込まれやすいですからね。個人商店相手だとお店に行くことになるので、入社直後、まず女性上司に「密室状態で危険そうなときは一緒に行くから言って」と言われました。ああいうこともある、こういうこともあると具体的な話をしつつ、いつでも相談してと言ってくれた先輩もいました。

羽田　私も、後輩が入ってきたら「何でも相談して」「飲みに誘われたら、私がついていってもいいよ」という話をしますね。私自身は、契約の話をする際、特に男性一人の場合は自宅には行きません。極力、職場の待合ブースや職場近くの喫茶店を指定するようにしています。

中野　私は部下に、得意先と二人きりで食事に行かないように指導しています。誘われたら「上司も連れていきます」と言わせたり。危険なのは地方出張なんですよね。地方はセクハラ色の強い企業も多いですし、私がついていくこともできませんから。嫌だったら夜の席は「別の打ち合わせがある」と断ってもいいんです、と。その食事会は、業務とは関係ありませんから。

女性にはセクハラ、男性にはパワハラ

白河　＃ＭｅＴｏｏ運動以降、社内の男性のセクハラに対する雰囲気って変化しましたか？

近藤　うーん……。

羽田　時代の空気とか関係ないですよね。セクハラに対する意識が違うのは、世代のせいという気がします。今の40代、50代男性は一生変わらないかも。

佐々木　その世代は、最初はそうじゃない人でも雰囲気に染まっていっちゃいますよね。

近藤　前職が年齢層の若い会社で、30代の社長にスタッフも20、30代のみだったんですが、まったく雰囲気が違いました。そもそもセクハラとかパワハラをしようとする人はいない。

白河　やっぱり職場の風土の問題ですね。

中野　セクハラに世間の関心が向くようになってからは、クライアントのほうが、それを気にしています。接待の席でも、おじさんは平気で距離を詰めてきますけど、40代前半とかはさすがに意識している様子。30代以下は、もっとクリーンな感じですよね。

白河　セクハラを見聞きしている周囲の男性社員は、社内外でのセクハラをどう見ているのでしょう？

中野　男性社員は「それはまずいですよ～」って笑って言うぐらいですよね。だって、自分たちにだって評価がありますから。だから私も、自分の部下には「接待に行かなくていい」と言えても、部下じゃない子には言えない。その上司は男性だったりするから。

羽田　女性社員がセクハラを受けてるなら、男性社員はパワハラを受けているんですよね。営業は数字が命なので、成績が伸び悩んだ男性社員は恫喝されている。

白河　スルガ銀行のように？

近藤　さすがに「死ね」とまでは言わないけど、「話してるとイライラするんだよ！」「だからお前はダメなんだよ！」とか怒鳴って、追い詰めるんですよ。職場がシーンとなる。

佐々木　まったく同じ光景を見ています。必ず男性には恫喝して、女性にはセクハラ発言をする。男性も女性も業績を上げねばならないのは変わらないのに、女性には恫喝したり、追い詰めたりはしないんですよね。

羽田　さっきの支社長は、部下である所長陣、長時間拘束して無駄なミーティングを何度も何度もするのが日常茶飯事でした。普段も、上が帰らないと帰れない雰囲気が当たり前。みんな延々と無駄な残業して。

近藤　そういう人が評価されるしね。

中野　うちの上層部は、新入社員とかには少し優しいけど、上の中間管理職の人たちには厳しい。飲み会で社長たちに「お前も脱げ」って言われても、若手男性はドリンクオーダーを取るふりしたり、タバコを吸いに行ったりして絶対脱がない。でも、中間管理職の人たちは続いてやるんですよね。縦社会の恐ろしさですよね。

近藤　経営者、経営陣がその調子だと、合わなかったら辞めるしかない。うちの会社も、若手の男性が何人も何人も辞めていきます。若手が定着しないですよね。ハラスメントのある職場って。

中野　特に規模の小さい会社だと、みんな転職することが頭にあって、今の職場で得られることがなくなったら、パッていなくなる。私が転職の相談を受けても、「いいんじゃない」って辞めさせていく（苦笑）。

ポイント　セクハラがある職場にはパワハラもあることが、取材をしているとよくわかります。職場のハラスメントは個人ではなく、それを許す環境、風土が問題視されます。ハラスメントを許す風土のある職場では、女性はセクハラにあい、男性はパワハラにあっている。これは40代以上の世代のマネジメントスタイルと関連しています。「上意下達」のコミュニケーションスタイルしか知らない世代です。ある大企業のコ

ンプライアンス担当者が社内調査したところ、圧倒的にハラスメント加害者は40代、50代が多かったそうです。

ちなみに、ハラスメントの多い職場の特徴を厚生労働省が調査した結果を見ると、

図表2－2　職場の特徴
（複数回答、過去３年間にパワーハラスメントを受けたと感じた経験の頻度別）

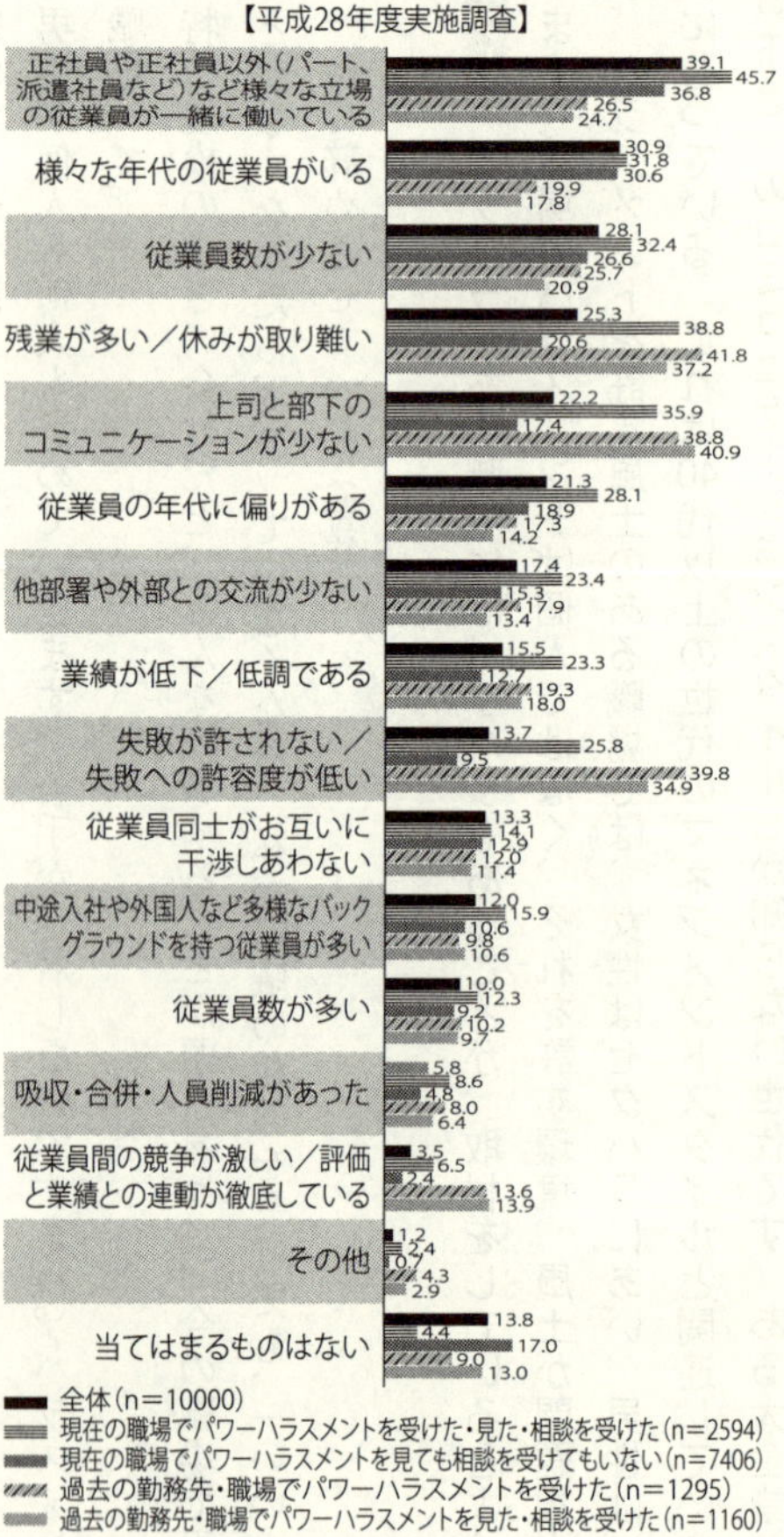

出典：厚生労働省「平成28年度　職場のパワーハラスメントに関する実態調査報告書」

「残業が多い／休みが取り難い」「上司と部下のコミュニケーションが少ない」「失敗が許されない／失敗への許容度が低い」の３項目が挙がっています［図表２－２］。

女性の発言権が大きくなってセクハラが消えた

近藤　ただ、入社してすぐの８年前に比べると、だんだん若手の女性は定着するようになってきたなと思います。社内の男女比率が半々まで上がって人数比率でも負けなくなったし、当時30代前半だった女性たちの職位が上がって発言権を得ていった。上層部もやりたい放題ではなくなってきます。

佐々木　確かにここ数年、役職付きの女性に「じゃあ辞めます」と言われては困る……という雰囲気は感じるようになりました。

近藤　役職を持った女性に下と結託してクーデターを起こされても困る。自分が役職についてから、ハラスメントの加害者世代に対して反論すると、その手が止まるようになったんですよ。最近は、私や私の部下に対してはセクハラ発言をしなくなりました。

中野　縦社会だからこそ、職位が上がってきたり、ポストについたりすると、途端にクライアントもセクハラをしなくなる。男性って、権力とか立場とかをすごい気にしてますよね。

白河　性的な意味ではなく、パワーの誇示ですかね。セクハラをする人って、自分の権力を確かめたいんだと思うんですよね。「俺に逆らうやついねえだろうな」ってパワーを確認してる。セクハラとパワハラが必ず同時に起きているのも、それが理由なんでしょうね。

中野　社内の空気が変われば、本当は違うんじゃないかって思っている男性陣も染まらずにいられるんじゃないでしょうか。

白河　そうね。いかに風土に染まらないような人がいるかってことですよね。

中野　と同時に、女性自身もやっぱり意識を変えなきゃいけないと思いました。例えば、羽田さんみたいにおかしいなと思って動く人もいる一方で、我慢しているならまだしも、自ら風土に染まっていったり、立ち上がった人に「余計なことしないで」って言ったりする人もいる。でも、少しずつ変わっていると思います。

白河　社内研修や相談窓口も重要ですが、究極のセクハラ対策は、決定権のある女性が増えることなんですよね。皆さんが頑張ってきてくれたおかげで、職場で女性が「嫌なことは嫌」と言えるようになってきた。ぜひ出世してくださいね。

彼女たちの言葉からは、#ＭｅＴｏｏムーブメントがあってもなお、日本企業の多くの職場においてハラスメントが日常的に行われていることがうかがい知れます。とはいえ、世代交代と女性のさらなる活躍により、少しずつ変化は訪れています。研修などをすると「女性はこういうことが嫌だったのか？」と気づきがあります。この話の中だけでも営業女性に対する「対価型セクハラ」「環境型セクハラ」が確認できました。

もしかしたら、「言葉だけ？ 触ってもいないのに大げさな」と思う発言もあったかもしれません。**男性からは大したことがない言葉に思えても、女性が「セクハラ」と感じるのは、一回だけでなく何回も繰り返されること。**環境に「セクハラ発言を繰り返す人」がいて、誰も助けてくれない、誰もその人に注意できず、終わらない。そういったことで仕事への意欲が下がっていくのです。退職してしまう人もいることが、座談会でも話題になっていました。

それでは彼らをセクハラに駆り立てるものはなんなのでしょうか？

イリノイ州立大学の、セクハラ研究のパイオニアといわれるジョン・プライヤー教授は、ワシントンポストの記事の中で、**セクハラをする人には3つの共通した特徴があると述べている。3つとは、①共感力の欠如、②伝統的な性別の役割分担を信じている、③優越感・権威主義だ。**そのうえで、プライヤー教授は「（セクハラを行う人を）とりまく環境も大きく影響している」と指摘している。

そうした傾向のある人を、そういったことが許される環境に置けば、歯止めが利かない。Impunity（免責状態）にあることが、（セクハラを行うか行わないかに）大きく関連する。

（岡本純子「エリート官僚がセクハラを否定する思考回路」『東洋経済オンライン』2018年4月24日）

許される環境（免責状態）とは、「業績が良ければすべてが許される」という風土がある職場ですね。彼らがセクハラだけでなくパワハラ常習者であることも不思議はありません。このパワハラ上司も「共感力の欠如」「権威主義」の特徴を備えています。

男性からは「女性のため」に見える#ＭｅＴｏｏですが、**実は「セクハラのない環境」は「パワハラのない環境」にも通じる。自分たちもパワハラを受けなくなるのなら、今の変化は男性にも朗報なのです。**

日本でのハラスメントへの意識を大きく変えたきっかけは、やはり２０１８年の財務事務次官セクハラ事件。次章では、この事件についてあらためてふりかえります。

第3章
財務省セクハラ事件とは何だったのか？

2018年は、日本のジェンダー平等やセクハラ問題の歴史上、大きな石が動いた年でした。「セクシャル・ハラスメント」という言葉が新語・流行語大賞の新語部門・金賞になったのが1989年。それから約30年後に起きたのは、セクハラ疑惑による官僚トップの辞任です。日本のセクハラ問題における大きな分岐点となったこのケースを、あらためて振り返ってみましょう。

2018年4月18日、財務省の福田淳一事務次官が辞意を表明しました。彼が『週刊新潮』で女性記者へのセクハラ疑惑を報じられたのは4月12日。それは瞬く間に大きな騒動となり、1週間後には事務方トップの辞任へと発展したのです。

「ご迷惑をおかけしたすべての関係者の皆様にお詫びを申し上げたい」

財務省の1階エレベーターホールで囲み取材を受けた福田氏は、謝罪の言葉は口にしたものの、セクハラ疑惑についてははっきりと否定。自身の身の潔白を訴えました。ウェブ版の『デイリー新潮』で公開された音声について「自分の声というのは自分の体を通じて聞くので（中略）よく分からない（中略）。ただ、福田の声に聞こえるという方が多数おられることは知っています」「あんなひどい会話した記憶はない」と話したほか、セクハラに対する認識が甘いのではないかと記者に指摘されると「『言葉遊び（を楽しむことはある）』のところはけっこうご批判を受けている（中略）今の時代というのはそういう感じなのかなとは思います」と、まるで他人事のように語ったのです。

「職責をまっとうすることができない状況だと気がついた」。最後にそう言って、福田氏は財務省を後にしました。

一人の女性の＃ＭｅＴｏｏから始まった

モリカケ問題のただ中の、財務省事務方トップの辞任。その発端となったのは、一人の女性記者の＃ＭｅＴｏｏでした。

２０１８年4月12日発売の『週刊新潮』は、「『森友危機』の折も折！　ろくでもない『財務事務次官』のセクハラ音源」という記事を掲載。福田氏からセクハラを受けたという女性記者による告発が報じられたのです。

記事には、福田氏の自宅近くのバーまで呼び出された女性記者とのやり取りが、詳細に記されていました。同時に、多くの女性記者が福田氏から受けたセクハラを告白しており、女性記者へのセクハラが今に始まったことでないことを裏付けています。

また4月13日、ウェブ版の『デイリー新潮』では、告発者である女性記者とのやり取りの音源も公開されました。

記者　福田さんはもう忙しくないですか?
福田　俺はやることないから。
記者　財務省と森友学園、どうなんですかね。
福田　今日ね、今日ね……抱きしめていい?
記者　ダメです。
福田　いいじゃん。
（中略）
記者　福田さんは引責辞任はないですよね?
福田　もちろんやめないよ。だから浮気しようね。
記者　今回の森友案件で、一番大変だったことってなんですか?

福田　いろいろ大変だったけど、これからがうんこだから。胸触っていい？
記者　ダメですよ。
福田　手しばっていい？
記者　そういうことホントやめてください。
福田　手しばられていい？　手しばられて、おうち行って『◎◎』（番組名）を見るかぁ……。
（中略）
福田（中略）そもそもなんで８億円値引きしたかってことだよ。籠池がしつこかったんだろうけど。
記者　昭恵さんの名前あったからじゃないですか？
福田　デリケートな話なんだよ。それは直接関係ないと思うけど……。
記者　はい。
福田　おっぱい触っていい？
（「『森友危機』の折も折！　ろくでもない『財務事務次官』のセクハラ音源」『週刊新潮』２０１８年４月19日号より一部抜粋）

告発された側の対応、政府の対応

福田氏は、この記事に対して「会食をした覚えもない」と抗弁し、「週刊誌を提訴する」と返しています。

財務省は、記事を受けて福田氏への聴取を進めると同時に、外部弁護士に委託して福田氏への調査を継続すると決定。4月16日には公式ホームページ上で「福田事務次官との間で週刊誌報道に示されたようなやりとりをした女性記者の方がいらっしゃれば、調査への協力をお願いしたい」「協力いただける方の不利益が生じないよう、責任を持って対応させていただく」と、匿名の告発者に対して名乗り出ることを要請しました。なお、これらに対しては弁護士事務所の独立性への疑問や「被害者に名乗り出ろ」という対応に批判が出ることになりました。

以下は、財務省が4月16日付で発表した福田氏への聴取結果からの抜粋です。

お恥ずかしい話だが、業務時間終了後、時には女性が接客をしているお店に行き、

図表３－１　セクハラ問題を巡る麻生氏の発言

４月13日	「事実としたら、セクハラという意味ではこれはアウト」（閣議後記者会見）
４月17日	「（被害女性）本人が（被害を）申し出なければ、そんなもんどうしようもない」「（セクハラをしたと）言われている人の立場も考えないと。福田の人権は無しってことですか？」（閣議後会見）
４月24日	「（福田氏が被害女性に）はめられて訴えられているんじゃないかとか、世の中に意見もある」（閣議後会見）
５月４日	「『セクハラ罪』という罪はない」（外遊先マニラでの会見）
５月８日	「（『セクハラ罪』が）あるかといったらない。事実を言っているだけ」（閣議後会見）
５月11日午前	「（福田氏がはめられた）可能性は否定できない。本当に事実かもしれない」 福田氏のセクハラ行為の有無については「（個人としては）福田氏が無いと言っている以上、あるとはなかなか言えない」「財務省としては認めた」
５月11日午後	「はめられた発言」は撤回（11日はいずれも衆院財務金融委員会）

出典：「麻生財務相：セクハラ問題『はめられた』再び　午前に発言、午後撤回　衆院委」『毎日新聞』2018年５月12日

お店の女性と言葉遊びを楽しむようなことはある。（中略）しかしながら、女性記者に対して、その相手が不快に感じるようなセクシャル・ハラスメントに該当する発言をしたという認識はない。

報道以降、政府内での反応はさまざまでした。麻生太郎財務大臣は当初、聴取を指示したものの処分はせずという方針を表明。

この間、企業でいえば福田氏の上司にあたる麻生大臣の発言も二転三転しています［図表３－１］。

調査手法への異議申し立て

政府の対応について、まず記者クラブと日本新聞労働組合連合（以下、新聞労連）から、正式に抗議の声が上がりました。

4月18日、新聞やテレビ、通信各社が加盟する財務省の記者クラブ「財政研究会」は、麻生財務大臣と矢野康治財務省大臣官房長宛てに抗議文を発表。福田氏のセクハラ疑惑をめぐって報道各社の女性記者に協力を呼び掛けたことに対して、受け入れ拒否を表明しました。

同日には、全国新聞社の労働組合が加盟する新聞労連も声明を発表。「多くの女性記者は、取材先と自社との関係悪化を恐れ、セクハラ発言を受け流したり、腰や肩に回された手を黙って本人の膝に戻したりすることを余儀なくされてきた」としました。さらに、日本民間放送労働組合連合会も、財務事務次官セクハラ疑惑と政府の対応に対して抗議の声を上げました。

また同16日、野田聖子総務相（当時）は名古屋市内で「相当やり方に違和感がある。

女性のセクシュアルハラスメントの被害は、それをなかなか訴えられないということもセクシュアルハラスメントの問題の一つ。『自分だったら（被害者だと名乗りでることが）できる？』という話ですよね」（『朝日新聞』2018年4月16日）と、政府に対して異論を唱えました。

福田氏辞任、そしてテレビ朝日からの告発

冒頭に記したとおり、福田氏は4月18日に辞意を表明しました。とはいえ福田氏は、セクハラについて「あんな会話をした覚えはない」「言葉遊びだった」などと事実を認めない姿勢を貫いたまま辞任に至ったのです。

福田氏の辞任表明後、テレビ朝日は同19日、急きょ深夜に記者会見を開き、自社の女性記者がセクハラの被害者であることを公表しました。いかに急な対応だったかを示すように、自社での生中継はなく、中継をしたのはNHKなどの他局のみでした。女性記者はセクハラ被害を自社で報じるよう相談したものの、上司が二次被害への懸念を理由に却下。その後、女性記者が、福田氏とのやり取りを記録した音声データの一部を『週

刊新潮』に提供したことが明らかになりました。
以下は、テレビ朝日の篠塚浩報道局長の記者会見の一問一答です。

――会社のセクハラに対する意識が低かったのではないか。

「批判は甘んじて受ける」

――どう対応するべきだったのか。

「報道する、抗議するなど、いろいろなケースを検討する必要があった。適切な対応ができなかったことを反省している」

――福田淳一財務事務次官の辞任について社員はどう話しているのか。

「『ハラスメントの事実を認めないまま辞意を表明したことはとても残念。財務省は調査を続けて事実を明らかにしてほしい。全ての女性が働きやすい社会になってほしい』と話していた」

――録音は取材目的というより身を守るためだったのか。

「そうだ」

――告発を想定して録音していたのか。

「自分が被害に遭っているということを会社に説明する際に必要だと考えていたと話している」

（「セクハラ疑惑：財務次官辞任　テレビ朝日会見　一問一答」『毎日新聞』2018年4月19日）

またテレビ朝日は19日、財務省に正式な抗議をしています。以下は、抗議文の全文です。

今般、当社の女性社員から、貴省福田淳一事務次官への複数回の取材において福田氏からセクシャル・ハラスメントを受けたとの申し出がありました。当社として調査をしてまいりましたが、取材の過程で福田氏からわいせつな言葉などセクハラ行為が相当数あったと判断いたしました。女性社員は精神的に大きなショックを受けております。

財務事務次官という社会的に責任の重い立場にある福田氏が、優越的な立場に乗じて行ったセクハラ行為は、当社として到底看過できるものではありません。

またこのようなセクハラ行為は正常な取材活動による国民への的確な情報提供を目的とする報道機関全体にとっても由々しきことと考えております。ここに厳重に抗議するとともに、貴省として徹底的な調査を行い、早急にその結果を公表するよう求めます。

（「財務省へ抗議文（テレ朝・全文）」『毎日新聞』２０１８年４月20日）

会見後、テレビ朝日の広報部にはさまざまな意見が寄せられたといいます。これは、社会的にも関心の高い出来事だった証でしょう。テレビ朝日の会見を受けて、福田氏は同日、「同社がどういう調査をしたか知らないが、（会話の）全体をみればセクハラに該当しないことは分かるはずだ」と述べ、あらためてセクハラ疑惑を否定していたそうです（「テレ朝が財務省に抗議『わいせつな言葉、相当数』」『日本経済新聞』２０１８年４月19日）。

財務省の謝罪

4月27日、財務省は会見で福田氏のセクハラ疑惑に対して「セクハラ行為があったとの判断に至った」と発表しました。矢野康治官房長は、会見の冒頭で「セクハラは被害女性の尊厳や人権を侵害する行為であり、決して許されることではございません」と発言。「事務次官がこのような事態を起こし、行政への信頼を損ね、国会審議にも混乱をもたらす結果になっておりますことは、誠に遺憾。関係者の皆様に深くお詫びを申し上げます」と謝罪しました。

相次ぐセクハラ報道と政府の対応

福田氏の辞任、テレビ朝日の会見、財務省の謝罪……。その後も、セクハラに関する報道はとどまるところを知りませんでした。特に女性記者たちは精力的に取材をし、記事を書いたのです。アンケート調査や取材の結果、テレビ局であれ、新聞、雑誌であれ「セクハラを受けたことのない女性記者はいない」という日本の悪しき慣習を明らかにしていったのです。

5月1日には、女性ジャーナリストたちによる「メディアで働く女性ネットワーク・

Women in Media Network Japan（W・i M N）」が発足。5月15日に、厚生労働省で記者会見を開きました。その会員は、新聞・通信社、テレビ局、出版社、ネットメディアなど計31社とフリーランスを含む86人。ほとんどが匿名で、会社を通さず個人として参加しているといいます。匿名なのは声を上げたテレビ朝日記者へのバッシングがひどかったためで、会員の多くは現役でマスコミ各社に属し、働いています。

日本新聞協会の調査（2017年4月）によれば、記者として働く人は約2万人でそのうち女性は2割ほど。少数派である彼女たちの「声なき声」が噴き出てきたのです。

ネットワークによる意見、体験談には「身を守って情報を取ることがテクニック」と教えられ、実践し、セクハラを受けながら耐え忍んできた現状がうかがわれます。その結果が「今後輩を苦しめている」ことに大きな痛みを感じている彼女たちの真摯な訴えがありました。

政府内でセクハラ対策に立ち上がったのは、野田聖子総務大臣（当時）です。野田氏は4月18日、衆議院内閣委員会ですでに「私も20代の頃、選挙に落ちて活動する中で、慢性的に男性から性的な高圧的な嫌がらせを受けた」とセクハラ被害を受けていたことを明らかにしており、「記者の声を聞き取りする」と述べていました。

5月28日、野田総務大臣（当時）は、メディアで働く女性の記者や経営者らと非公開の協議会を行います。私もこの非公開の協議会には、微力ながら関わったメディアサイドの一人です。さらに終了後の記者会見で野田氏は、「女性の人権を守り活躍を進めるため、具体的な対策を今国会中に取りまとめたい」と話しました（「野田総務相『セクハラ対策、今国会中に』女性記者らと懇談」『日本経済新聞』２０１８年5月28日）。

協議には人事院など関係省庁も含め15人が参加。出席者からは「（メディア各社は）セクハラから自社の社員を守ることに取り組んでほしい」「被害者の気持ちを理解してもらう研修が必要だ」など意見が出た。（同）

ただしこの際、当初、可能性を示していた「法制化」について、「法律を作ったから無くなるものではない」と述べています。その後、野田総務相（当時）を中心に「セクハラ緊急対策」がまとめられることになりました。6月12日には、安倍晋三首相が本部長を務める「すべての女性が輝く社会づくり本部」が、「セクシュアル・ハラスメント対策の強化について～メディア・行政間での事案発生を受けての緊急対策～」という文書を発表。行政におけるセクハラの予防、救済、再発防止を図るために実施する施策を明示しました。

各府省庁の課長級以上の幹部職員にセクハラ防止の研修を義務付け、各省庁に通報窓口を設ける。首相は「セクハラは明白な人権侵害だ」と述べ、被害の予防や救済に万全を期すよう関係閣僚に指示した。

（「政府、セクハラで政府緊急対策決定　幹部に研修義務付け」『日本経済新聞』２０１８年6月12日）

首相は同時に、女性活躍推進法の見直しも指示。決定した新たな重点方針でのセクハラに関する項目には、福田氏のセクハラ事案に関する一連の騒動が、色濃く反映されています。

労政審での議論の行方

9月25日から職場のパワハラ、セクハラ対策について、労働政策審議会（以下、労政審）の「雇用環境・均等分科会」で本格的な議論が始まりました。主な論点は具体的な法整備についてですが、労働者側は「現状では被害者の救済措置が不十分」として、パワハラ、セクハラなどの「縦割り」ではなくハラスメント全般を規制する法整備が必要だと強く主張しました。

この背景には、2018年5月28日から6月8日まで行われた国際労働機関（ILO）の年次総会での議論があります。テーマの一つである「仕事の世界における男女に対する暴力とハラスメント」について、ハラスメントの包括的定義や禁止規定を含む国際基準をつくり、各国に法整備を促す条約の採択を目指す方針が決まったのです。

一方で使用者側は、パワハラ、セクハラのいずれについても新たな法整備は必要なく、ガイドラインで十分という姿勢。「パワハラは指導との線引きが難しい」という理由です。こうして、双方の議論は終始、平行線でした。

労働者側が課題としているのは、日本にハラスメント行為自体を禁じる法規定がないこと。セクハラは、男女雇用機会均等法で事業主に防止措置が義務づけられていますが、セクハラ自体が「いけない」とする法規制はないのです。パワハラに至っては、措置義務すらもない状況でした。

それまでも「働き方改革実行計画」（２０１７年３月28日、働き方改革実現会議決定）に基づいて、「職場のパワーハラスメント防止対策についての検討会」が設置され、２０１８年３月には報告書が取りまとめられています。

ただし、財務省でのセクハラ事件が起きたのは、その後の４月。そのため、セクハラについてはさらなる論議が必要でした。

その１ヵ月半後、11月19日に厚労省は、職場のパワハラ対策として、企業に防止措置を法律で義務づける方針を固めました。労政審の議論は年末にまとまり、３月８日に閣議決定されました。

働き方改革実行計画にあった「パワハラ防止について」ですが、３月の閣議決定で「パワハラ防止」は企業の措置義務になります。

セクハラ、パワハラについて、新しい規定が追加されます。

- 相談したことを理由とする不利益取扱の禁止（パワハラ、マタハラも同様）
- 調停規定の改正（職場の同僚を呼べるようにする。パワハラ、マタハラも同様）

•責務規定（パワハラ、マタハラも同様）
•他の事業主による措置義務への協力（セクハラのみ）

たった一人の女性の告発から、以下のことが起きました。

セクハラの告発→加害者の否認から一転しての辞任→被害者の雇用主からの正式抗議→加害者の雇用主（財務省）の「セクハラ」認定及び処分（退職金の減額）→セクハラ緊急対策及び法改正への議論

その背景には「業界特有の悪しきルールを容認する風土」「セクハラを軽く見る組織の評価」があり、それをおかしいと思いながら「声をあげられなかった」人たちの「声なき声」が報道となり、ムーブメントとなり、風土や法律を動かすところまでいったのです。

職場でも考えたいセクハラ対策のケース

あらためて、この事件の経緯を読んで、皆さんはどう思われたでしょうか？　これは私がビジネススクールの課題として書いたケースで、報道されたものだけをベースにしています。多くの人は最初、「マスコミと政府の特殊な話」と捉えます。また「政治的意図があったのでは?」と思う人もいるでしょう。しかし一般企業に置き換えてみると、今のハラスメントと企業、働く個人の立ち位置が見えてきます。

【ケース……部下のセクハラ告発とニシハラ課長の悩み】

A社の営業部に所属するニシハラ課長(男性)は、部下のキムラリエさんから相談を受けた。担当の大口取引先B社の上席の男性からセクハラにあっているというのだ。B社の男性は権限も大きく、またA社の上層部とも古い付き合いで仲がいい。A社は中小企業なので、B社の取引に依存するところが大きい。キムラさんは営業担当だが、接待の席に同行させられることもあり、そこでB社の男性から気に入られたようだ。

実は今までもB社の男性は「昼間の会議室でも二人きりにならないほうがいい」と女性営業同士で申し送りされているような人。仕事はできるが「スケベおやじ」というキャラクター。前から噂や女性営業からの苦情はあったのだが、取引に影響があるので、その男性や取引先に、A社が抗議するようなことはないまま、ずっと来ている。

キムラさんは断りきれずに同席した食事の席や、カラオケなどで肩を抱かれたり、性的な質問や会話をされたりということが重なり、身の危険を感じていた。そこで上司に相談したのだ。会社には一応パワハラ、セクハラのホットラインはあるが、その前に上司に相談した。なぜなら、そのホットラインを使っている人がほとんどいないようで、通報したらどうなるかが不安だったからだ。

ニシムラ課長が驚いたことに、キムラさんはバーでの会話を録音していた。「胸、触っていい？」「ホテル行こうよ」と、確かにひどい内容である。キムラさんが雰囲気を変えようと違う話題に変えても、すぐに「性的な会話」に相手が戻してくる。その繰り返しだ。

「確かに、これはひどい」とはニシムラ課長は思った。しかし、社内の飲み会でも、悪ノリした社員が同じような会話をすることもある。若い女性社員は飲み会では40、50代の上司の隣に座らされるのが、定番だ。男性だけの席では、女性社員の品定めも平気で行われている。業界も会社も保守的な体質で、役職者は男性ばかり。女性は20代が多く、営業女性は出産などで退職していく風土である。女性の数は全体の2割程度だ。

このような社風の中で、「もし上にあげても、クライアントであるB社が重視され、キムラさんが異動になったり、会社に居づらくなるのではないか？」とニシムラ課長は考えた。

ニシムラ課長はキムラさんに「上にあげると、かえって君が悪い立場になってしまうかもしれないから」と部下を思って忠告した。そして今後はなるべく早くに担当を変えることや、また接待には必ず誰かが同席することなどを伝えた。

ところが、しばらくしてネットメディアにB社の名前が大きく載るセクハラ告発記事が出た。明らかにキムラさんと思われる女性の告発だった。自社の名前は出ていないが、インターネットでは「セクハラ加害者は誰で、セクハラされたのはどこの会社の女性か」と話題になっている。B社が大企業だからだ。

上層部にも話が届いたのか、早速ニシムラ課長が呼ばれて、事情を聞かれた。

「こんな風にクライアントを告発するなんて、部下の管理はどうなっているのか？B社の重要性が、わかっているんだろうな」と加害者であるB社の男性と仲のいい役員が早速質問をしてくる。激怒しているようだ。

「事実なのか？」とコンプライアンス担当者が質問するので、ニシムラ課長は録音の会話の話をした。

「いや、しかしよくある酒の席の会話じゃないか。言葉遊びだろう。君たちだってバーで似たような会話をするんじゃないか」

「もともと女性の営業は、セクハラをうまくあしらって一人前と、よく営業部の女性から聞いていますよ。キムラさんは慣れていなかったのでは？」

「とにかく、B社に対する事情説明やお詫びをどうするか……」

「法律的にはどうなんだ？　録音は問題ないのか？」

（注：テレビ朝日の事件の時にも録音の違法性が問われましたが、労働事件や女性問題に詳しい板倉由実弁護士は「セクハラなどの被害を訴える際、音源などの記録をそろえることは必須条件」との見方を示しました。『日本経済新聞』２０１８年4月19日）

「うちはハラスメントの通報窓口もあるし、新入社員研修にハラスメントも入っている。措置義務は果たしていますよ」

上層部のやり取りを聴きながら、ニシムラ課長は疑問に思った。「会社はそもそも誰を守るべきなのか？」と。

被害を相談したキムラさんは、体調不良を訴え、会社を休みがちになっている。もしかしたら、辞職するかもしれない。しかし彼女は優秀な営業で、とても頑張っていて成績も良かった。思いつめて相談に来たのに対処できなかった自分にも否がある。

今本当に誰を守るべきなのか？　会社は考える時期なのではないか？


このようなケースになれば、自社と引き比べて考えることもできると思います。ハラスメント問題は今や複雑で、自社の従業員間の話だけではありません。他社の人が加害者の場合、そして、自社の社員が他社の社員への加害者になる場合もあります。

企業の皆さんとの研修では、こうしたケースをもとにこのような設問を討議します。

1　取引先B社の加害者は、なぜA社の女性営業にセクハラを繰り返したのか？
2　ニシムラ課長はどうするべきだったのか？
3　A社はどうするべきなのか？　また加害者であるB社の立場ならどうするべきなのか？
4　再発防止のためにA、B社が取り組めることは何か？

そもそも正解のないことを討議するのがケースを使う研修なので、正解はありません。しかし多くの場合、討論で出る再発防止の観点は以下のようなものです。

1　ポリシーの表明（トップがハラスメントはいけないとはっきり表明したり、社則などに盛り込んだりすること）
2　窓口の設置（ただあるだけでなく、本当の防止に役立つ窓口）
3　調査
4　是正措置・再発防止策

さらに「被害者のケア」も重要です。セクハラの#ＭｅＴｏｏでは、被害者は、多くの場合、メンタルの専門家の支援を必要とします。被害者は聞き取り調査などで、嫌な記憶をフラッシュバックしてしまうこともあります。ぜひ手厚い専門的なケアが受けられるよう、気を配ってほしいと思います。

企業が取るべき、新たなハラスメント対策については、第5章で詳しく書きますが、#ＭｅＴｏｏ以降、企業も個人もハラスメント全般に対して新たな視点を持たなければ生き残れないということです。その転換点となったのが2018年4月18日。財務省の事務方トップが「セクハラで辞任」した日です。

財務省の事件後、女性記者に尋ねると「あの次官は要注意人物」という評判でしたが、官僚に尋ねると「あの人はああいうキャラクターだから」と「容認されてきた」という風土がありました。本人の意識も「言葉遊び」という軽い言い方となっています。「セクハラ」に対する「認識の軽さ」がうかがわれます。

それは「業績はすべてを癒す」という考え方があったからです。財務事務次官も、大臣ですら、「女子ども」の問題で、まさか「業績」が一気にひっくり返るとは誰も予測していませんでした。

今でも「セクハラで社内で懲戒になった人が役員に上がった」などの話を聞きます。しかし4月18日以降は、「セクハラをするが仕事はできる人」は組織にリスクをもたらす「仕事ができない人」「リスクマネジメントができない人」になったのです。

「有害人材」のマイナスは「有能な人材」のプラスより大きい

２０１６年2月29日の『ハーバード・ビジネス・レビュー』にこんな記事が載っていました。

「企業には、スター人材の採用も必要だが、『有害人材』を雇わない努力も不可欠である」

報告書を執筆したマイナーとハウスマンによると「有能な人材を雇えば５０００ドル程度の価値がもたらされるが、『有害な人材』を雇うと1万２０００ドル以上のコストになる」ということです。

有害な人材とは「有能で生産性は高いが、組織に害を及ぼす行為に関与する人たちを指す」。「セクシャルハラスメント、職場での暴力、不正行為など」を行い、実際に組織に損害をもたらす人のことです。

スーパースター（とびきり有能な人）が組織にもたらす利益よりも「有害な人材」がもたらすデメリットのほうが大きい。これは「マイナスの影響はプラスよりも大きい」という法則にもあっています。

ではスーパースターがセクハラ人材だった場合はどうなのでしょう？「有害な人材」は結構仕事ができたりもします。それでもやはり「有害人材」のマイナス面が大きいのです。財務省の事件を見れば一目瞭然ですね。財務省の評判は地に落ち、また適切な対処ができなかったテレビ朝日も傷つきました。被害者はもちろん、関わる組織全体のモチベーションが落ちます。国会は停滞し、大変なリスクです。これも「ハラスメントをする人」を「仕事ができる人」として重用していたからです。

パワハラはセクハラと違い、「仕事の指導との境界線が難しい」と言われます。しかしパワハラをする有害人材が組織や個人にもたらすリスクは一緒ではないでしょうか？

『クラッシャー上司』（PHP新書）を書いた松崎一葉さん（筑波大学大学院教授）は、

「『5人潰《つぶ》して出世した』と豪語する大企業の幹部に会ったことがある」

「パワハラにより社員がメンタル不調に陥れば、社員やその家族にとってはもちろん、人材の機能低下は組織にとっても大きなマイナスとなる」

「イノベーションの芽を摘んでしまうことにもなる。パワハラの撲滅に本気で取り組んでいる企業は、イノベーションを起こす必要性に迫られていることが多い」

と書いています（「クラッシャー上司が企業を蝕む――パワハラ一掃で会社は変わる」『WEDGE Infinity』2019年1月21日）。マイナスだけでなく、イノベーションの敵もパワハラ上司です。**イノベーションが起きる組織には「心理的安全性」（後述）が欠か**

せません。常に「パワーによる支配」がある組織には、それがあるとは思えません。

ハラスメントを一掃すれば、組織は変わる。そのプラスの効果は一人の「できるハラスメント上司」のもたらすものよりも大きいのです。

第4章

企業の懲戒はどう決まるのか?

五味祐子弁護士×白河桃子

本章では、企業でハラスメントがどのように扱われているかについて、五味祐子弁護士にお聞きします。多くの人の望みは「ハラスメントがなくなって、働き続けたい」というもの。労働局や弁護士事務所に駆け込むのは「辞める覚悟」の最後の手段である場合が多いのです。そこで企業の中で、ハラスメントがどう扱われているのか？　調査や懲戒の基準などを五味弁護士に伺いました。

五味弁護士は、多くの企業のハラスメント窓口、コンプライアンス窓口を務めており、日々、事実関係の調査を行ったり、処分に関する企業の相談を受けたりもしています。そのご経験から、職場ではどんなハラスメントが起きているのか、また企業はどのようにして懲戒処分を決めるのかなどをお話しいただきました。最後に見えてきた新しい職場での課題、そして企業と働くすべての人がハラスメントについて心得ておくべきことも、あわせてご紹介します。

接触は絶対NG！　セクハラの境界線とは？

白河　五味先生は、企業の外部窓口として、ハラスメントに関する相談に触れていらっしゃいます。初めに、先生がどのような立場でかかわっていらっしゃるのか教えていただけますか？

五味　企業の内部通報制度のアドバイザーとして、ハラスメントの予防、相談受け付け、調査、評価の一連の流れにかかわっています。処分についての意見を求められることもあります。企業の外部相談窓口も引き受けており、メールや電話などで通報や相談を受けています。

白河　通報の後、どうなるか不安な人が多いので、その後の流れを教えてください。

五味　通報を受け付けた後、調査の要否を判断します。調査の必要があると判断した場合は事実調査を行います。被害者から話を聞き、当事者間のやり取りがわかるようなメール、SNSや診断書など証拠となるものを提出してもらい、客観的な資料を収集します。さらに状況がわかりそうな周囲の社員にヒアリングし、最後に通報された行為者にヒアリングします。調査の結果、事実認定を行い、最後に処分するか否か、どの程度の処分にするかを判断します。これが一般的な流れです。

白河　処分というのは、企業の懲戒処分のことですよね。よく「ハラスメント認定されたら一発アウトでクビ、認定されなければＯＫ」と勘違いしている人がいますが、法的には問題なくても会社の中で処分を受けることはありますよね？

五味　ハラスメント認定＝解雇ではありません。また、違法性が認められない言動でも、懲戒処分の対象となることはあります。**企業の懲戒処分の目的は社内秩序の維持ですので、違法性があるかどうかの判断とは異なります。**また、初めてハラスメントが問題とされた社員であれば処分されず、厳重注意だけれども、ハラスメントで問題とされるのが2回目の社員であれば、同じ行為であっても処分されることもあります。

白河　セクハラ、パワハラなどのハラスメントは、アウトかどうかの境界線がわかりにくいといわれます。セクハラの境界線を教えてもらえますか？

五味　例えば「性的な冗談を言う」については、相手が不快に感じている、嫌がっているにもかかわらず、繰り返し言えば、セクハラに該当すると思います。

白河　グレーゾーンですね。頻度の問題もある。絶対にアウトというのはどういう行為ですか？

五味　身体への接触行為です。**正当な理由なく「肩、手、髪に触る」といった行為は、基本的にセクハラに当たりますが、解雇されるわけではありません。**セクハラ即解雇ではない事例として、管理職のセクハラの懲戒処分について判断した最高裁判例がります。男性管理職2名が女性社員に対して、1年以上、繰り返し性的な冗談や性的な具体的な話を聞かせたりしていたことがわかり、会社は2名を出勤停止処分とし、管理職から外しました。管理職は処分が「重すぎる」として会社を提訴しました。「処分は重すぎるため無効」との高裁判決が出たものの、最終的には最高裁が「処分は有効」としました。セクハラ発言を1年以上続けても解雇処分にはなりません。しかし、管理職から外されれば減給を伴い、その後の昇進にも影響します。2度目のセクハラがあれば会社にはいられなくなります。

白河　最高裁で、**「笑顔はセクハラへの同意ではない」**とする判決も出ましたよね。加古川市の50代の市職員がコンビニの女性店員に対してセクハラを行い、停職6ヵ月の懲戒処分を受けたものの、重すぎるとして市を提訴した事件です。一審、二審では「女性は終始笑顔で行動しており、渋々ながらも同意していたと認められる」などとして処分は重すぎるとされましたが、最高裁は「著しく妥当を欠くものであるとまではいえない」と判断しています。女性が「笑顔」だからといって、それは「営業用」だったりしますよね。

五味　**裁判所は近年、セクハラに厳しい判断をするようになってきました。**企業の人事、法務、コンプライアンス部門でもセクハラに厳しく対処するようになっています。とはいえ、今も「嫌だと言わなかったからセクハラにはならない」という思考の持ち主はいます。性的な冗談を繰り返し言う上司について部下が「セクハラではないか」と通報したケースでは、その上司は、「みんな笑っていたから、喜んでいると思っていた。だからセクハラには当たらないでしょう？」と。

白河　そう考えている人は、まだまだ多いのでしょうね。一方で、被害者が申告しなくても、周りが言う場合もあります。百十四銀行のセクハラ事件では、上司が取引先との接待に若い女性社員を同席させて、取引先からのハラスメントを止めなかったことが内部通報されました。結果、会長は辞任しました。

五味　報道内容しかわかりませんが、会長の辞任に関しては、ガバナンスが働いたのだと思います。セクハラ事案は、裁判にならないほうが多いのです。

白河　セクハラの社内処分としては、対価型セクハラのほうが処分は重たいですか？

五味　性的言動として同じものであれば、対価型のほうが悪質と評価されるので、処分は重たくなります。

白河　クビに近いものはどんなものがあるでしょう？

五味　職場の力関係を利用した性暴力については、会社は重い処分をします。**性暴力はセクハラですが、犯罪となる場合もあります。**警察に被害届を出して刑事事件にするかどうか、損害賠償請求するかどうかは、被害者の意思によります。会社が決めることではありません。

白河　裁判になるかは別の話だけれど、企業内では厳しく処分されるだろう、と。

五味　懲戒解雇の場合も諭旨解雇の場合もあります。諭旨解雇とは、退職に応じなければ懲戒解雇をするというものです。被害者のプライバシー保護や法的トラブルに発展することを避けるために、諭旨解雇を選択するケースも多いと思います。

手を出せば処分？　パワハラの境界線とは

白河　では、パワハラの境界線はどうでしょうか？

五味　これらの事例の多くは、「パワハラにつながる行為」または、「パワハラと認定される可能性の高い行為」だと感じます（［図表4-1］参照）。評価的な事実が含まれていますね。例えば、「能力に見合わない程度の低い業務を継続的に命じる」であれば、業務が「能力に見合わない」かどうかの判断で意見が分かれます。また、企業の経営上の問題で「能力に見合わない程度の低い業務を継続的に命じ」なければならない状況もあり得ます。キャリアや資格などからみて明らかに、「能力に見合わない程度の低い業務」を、嫌がらせとして継続的に行わせていたらパワハラになるでしょうね。

白河　業務上、必要なケースもある、と。パワハラも、明確にアウトなのは接触行為ですか？　どんな理由があろうと殴ったり、手を出したケースです。

五味　手が出た場合はアウトですね。暴行、傷害です。

白河　懲戒でどんな処分になりますか？

図表4－1「パワハラにつながる行為」

- 部下のミスについて「何をやっている！」と強い調子で叱責する
- 問題がある企画書について、書類を投げつけて修正を命じる
- 部下を叱責しながら近くにあったものさしで頭を叩く
- 「これ以上仕事でミスをしたら降格だ」と言う
- 職場の従業員がいる前で机を叩き、声を荒げて指導する
- 「そんな態度でよく仕事ができるな」と嫌味を言う
- ヤル気を引き出そうとの意図で、「意欲がないなら会社を辞めるべき」とのメールを本人に送るとともに、職場の同僚も宛先に入れて送信する
- 会議室に一人だけで電話番をさせるなど本来業務から疎外する
- 「説明してもわからないだろうから」という理由で打ち合わせから外す
- 業務の相談をしている時、パソコンに向かったままで視線を合わさない
- 明らかに納期に間に合わないとわかっていて、資料の作成を命じる
- 仕事を進める上で必要な情報を故意に与えない
- 能力に見合わない程度の低い業務を継続的に命じる
- 突然、開発プロジェクトの責任者を外し、全く経験のない業務を与える
- 手間がかかる部下に「今日はもう何も仕事しなくていいよ」と言う
- 個人的な趣味・嗜好について必要以上に聞く
- 何度も遅刻を繰り返す部下に対し、同僚の前で叱責する

出典：厚生労働省「平成28年度　職場のパワーハラスメントに関する実態調査報告書」

五味　よほどひどいものでない限り、解雇にはなりませんが、処分はされるでしょう。ただし、暴力についても判断が難しいケースはあります。例えば、「ものすごい勢いで殴られた」と被害者が言う一方で、現場にいた周囲の社員は、「酔った勢いでやや強めに叩いたくらい」と食い違うことがあります。証言だけでは証拠としては十分ではないので、被害者の主張だけを根拠に重い処分をするのは難しいです。重すぎる処分は、裁判で無効とされることもあります。懲戒処分は不利益処分ですので、行為に見合った処分でなければならない。事実認定をするに足る証拠があるか、どの種類の処分が適切か、慎重に考えることが求められます。

白河　暴力行為について、ある人事の方からこんな話を聞きました。「強い思いがある本当にいい上司で、部下のことを思うあまり、つい手が出てしまっただけだ」と。よく「普段のコミュニケーションがあればハラスメントがあってもOK」「愛があればハラスメントがあってもOK」と言う人もいますが、手が出たらアウトということですよね？

五味　親子関係であっても、しつけを理由としても暴力行為は許されませんよね。企業での上下関係でも同じです。**「部下のことを思って殴ったんだ」「殴らないとわからないから殴ったんだ」という主張は通りません。**

白河　「コミュニケーションがある」というのも、片方の一方的な思い込みの場合もあります。どんなにいい上司でも手を出したら、「関係性があった」というのも通用しない？

五味　**「コミュニケーションがある」ことは暴力を正当化する理由になりません。**パワハラかどうかは、加害者の思いで決めるものではありません。**どのような行為かという客観面と、被害者がどのように受け止めたか、周囲で見聞きしている人がどのように受け止めたかという主観面を加えて、多方向から検討します。**「愛情があるから殴った」といったという主張に対しても、「うちの会社の規律では暴力は絶対にNG」と徹底して突っぱねる会社が増えていると感じます。経営トップも、「今はだめだよね」と明確です。時代が変わってきていることを理解されているのだと思います。

白河　言葉の暴力はどうでしょう？　恫喝したり、常に怒鳴ったりするという上司の話はよく聞きます。

五味　冗談にとどまらない「言葉の暴力」と言われるような内容は、パワハラにあたると考えたほうがよいでしょう。人格を否定する言葉を繰り返し言ったり、多くの社員がいる前でバカにするような言動を繰り返すと、パワハラといえます。

白河　例えば、先ほどの例にもさまざまなセリフが出てきますが……。

五味　そのなかの「『何をやっている！』と強い調子で叱責する」というのは、パワハラにならないケースもあります。例えば、工場などで危険性の高い業務をしている際に、「何をやっている！」と声を荒らげるのは、危険な行為をストップさせたり、注意喚起だったりします。不正行為を発見して止めようとすることもあります。さまざまな状況が考えられるので、パワハラと一概には言えない。

白河　「『何をやっている！』」ぐらいだと言葉の表現としても中立的だし、「強い調子で」というのも受け止め方、状況によるので、これだけでパワハラ認定はできない、と。「書類を投げつける」というのはどうですか？　暴力にあたる？

五味　昔からよくあった行為だと聞きます。部下の顔に書類を投げつける行為はパワハラとされるでしょう。暴行です。他方、デスクに資料をバサッと置くような行為は状況にもよります。モノが本人に当たらなくても、近くのものを勢いよく蹴りつけたり、ペンを机に投げつけたりする行為は危険です。**近くのモノに当たって危険な目にあわせることは、間接的に暴力をふるっているものとして「間接暴行」と言われ、暴行罪が成立することがあります。**

白河　最近、表立って怒鳴れないので、嫌がらせのような行為で陰湿化しているという話も聞きます。先の例にも、「ヤル気を引き出そうとの意図で、『意欲がないなら会社を辞めるべき』とのメールを本人に送るとともに、職場の同僚も宛先に入れて送信する」というものがありますね。

五味　「ヤル気を引き出そうとの意図で」という文言が入っていますが、「会社を辞めるべき」は表現として強すぎますし、「同僚もＣｃに入れる」ことは職務上の必要性がないので、パワハラと言ってよいと思います。直接的な言動がない場合には、さまざまな情報から事実を推認して判断します。メールは事実を推し量りやすい。メール本文の表現、送信時間、Ｃｃの社員数、部署などの多くの情報が詰まっています。例えば、**「会社を辞めるべき」という部分の文字がより大きい赤字で書かれ、Ｃｃに大人数が入っていれば、公衆の面前で相手を否定していると解釈されます。**全体が文字として残っているので、送信者の意図や被害者の感情も評価しやすくなります。

白河　逆に言えば、直接的な言動の場合は、意図を推察する証拠を見つけにくいこともあるということですか？

五味　直接的な行為を評価する場合も、行為者の意図は発した言葉だけでなく、周辺事実から推し量った事実も考慮します。その行為に至った経緯、行為の期間、回数、言葉の表現ぶり、行為が行われた具体的状況など……。「ヤル気を出そうとした」と主張しても、その目的に合っていない方法、態様であれば、その弁解は通らない。ひとつの言葉や行為だけでなく、周辺事情、多くの要素を考慮してハラスメントに当たるかを判断します。そのため、「何がハラスメントなのか、境界線が難しくてわからない」と言われるのだと思います。

「本人の感じ方次第」は本当か？

白河　とはいえ、「本人の感じ方次第だよね」といった乱暴なものではないですよね？「ハラスメントは本人の感じ方次第だから、仕方がない」と思考停止してしまう人が多いのですが……。

五味（指導）　**パワハラの判断は、両者の関係性、行為に至る経緯、行為の期間、回数、表現、目的との関連性、行為の具体的状況といった客観的事実が重視されます。**通報内容についてしっかり調査を行うと、当事者間の関係性、それまでのコミュニケーションの状況、業務の状況、職場の雰囲気が立体的に浮かび上がります。その事実関係をもとに判断すれば、「この言動はハラスメントだ」という判断軸に大きなギャップは生じないと思います。

白河　セクハラについてはいかがですか？　例えば、「キムタクがやったらセクハラにならないんでしょ？」みたいな話はどうでしょう。「社内で人望の厚いAさんが同じことやってもセクハラにならないのに、違う人がやったらセクハラって不公平じゃない？」なんて言う人もいますよね。

五味　相手の感じ方はセクハラか否かを評価する重要なポイントということで、そうした話を聞きますね。例えば、上司が、飲み会で仲のよい部下の髪の毛を触ったり、ハグしたりするのですが、その部下は文句を言わないし、楽しく話をしているし、その程度のボディータッチはまったく気にならないと言っているとします。ところが、**周囲の社員は嫌悪感を持っていて出社するのもつらいと思っている。**「見ているだけで不快だからやめてほしい」とか「贔屓《ひいき》している」と感じている。**この上司の言動は、職場環境を悪化させています**し、周囲に対して、性的言動に対して笑顔で対処することが評価されるというメッセージを発しているとも受け取られかねない。直接の相手が被害感情だけでなく、周囲に不快感を与えるものかについても検討しなければなりません。

白河　そういえば、先日ある組織で初めて360度評価を導入したら、「自分自身はいい上司だと思っていたのに、周りからはハラスメント野郎だと思われていたとわかって大きなショックを受けた」という話がありました。結局、良好な関係を築けていると思っていたのは上司側だけだった、と。

五味　その認識ギャップはありますね。被害者がハラスメントだと主張する行為について、行為者は勝手解釈をして「誤解だ」と主張する。**「自分だけは許される」と思っている人は、たいていが勘違いしていると感じます。**

企業は懲戒処分をどうやって決める？

白河　そもそも、企業の懲戒はどうやって決まるのでしょうか。

五味　企業によって手続きは違いますが、概《おおむ》ね次のような流れです。調査を行い、懲戒対象となる事実を確定し、処分案をもとに検討します。行為者に弁明する機会を付与します。懲戒審査委員会が設置されている企業では、その委員会で処分案を審議し、その結論をもとに社長が処分を決定します。

白河　ハラスメントの場合、懲戒は何段階ぐらいあるのでしょう？

五味　これも企業によりますが、**懲戒処分の種類は就業規則に定められています。戒告、減給、出勤停止、降格、諭旨解雇、懲戒解雇といったところです。**

白河　懲戒に至らない「イエローカード」みたいなものがある企業もあると聞いたことがあります。何枚かもらうと、処分があるという。

五味　おそらく処分に至らない、注意や厳重注意を「イエローカード」としているのでしょう。先の例に「容姿やプロポーションについてあれこれ言う」といったものがありますが、一度目は注意、二度目は「イエローカード」（厳重注意）、三度目は処分、といったように用いられるのだと思います。何がセクハラかを示し注意しても改善されない社員を懲戒するという方法です。

白河　話を聞いていると、不当なハラスメント対応をする企業もありますよね。例えば、上司からのパワハラにあっていた若い男性社員から、「当事者同士を引き離すため」といって自分が転勤になったという話を聞いたことがあります。ハラスメントの加害者と被害者を引き離すことは必要だと思いますが、被害者側の環境が変わるケースが多いのはいかがなものでしょう。

五味　被害者が望まない異動を強いられるのは不当です。上司を残したいとして部下を異動させせようとする企業は少なくありません。問題意識がないこともあります。相談、通報を理由とした被害者への不利益処分や報復と受け取られかねないと説明して、被害者の異動をいったん止めるようアドバイスします。

白河　3月に法案が提出され、セクハラ同様、パワハラについても「予防策」「窓口の設置」「事後対応」「再発防止策」の措置義務が企業にできました。報復禁止が明記されています。ハラスメントの相談が望まない異動につながったのであれば、被害者は、提訴して慰謝料を要求したり、元の職場に戻せとか訴えたりできる？

五味　報復に当たるとして訴える事例も出てくると思います。ただ、「ハラスメントのある部署にいたくないし、今の部署でずっと仕事をしたいと思っているわけでもない」として、被害者のほうから異動を申し出るケースも少なくないのです。

白河　被害者としては、働き続けることを優先したいわけですね。

五味　通常の異動時期ではないタイミングで上司が異動になると、自分が「上司をとばした」とみられ、職場に居づらくなると言う被害者もいます。また、被害者が希望するポストへの異動が可能なこともあります。**人事部の方には、異動を決める前に被害者の意思を確認するようアドバイスします。**

よい窓口、悪い窓口の違いとは？

白河　ハラスメント窓口には、どういった形で相談が入るのでしょうか？　先の措置義務では「匿名性、プライバシーが守られること」が条件になっているものの、実際には「調査が始まると誰が通報したかわかってしまうため、怖くてできない」という被害者の声もあります。

五味　最近、**被害者以外からの「職場でハラスメントが行われている」という通報が増えています。**被害者の体調を心配して「何とかしてください」と。正義感の強い社員がいるのです。ハラスメントを目撃するのも苦痛だということも。ハラスメントが毎日行われている状況は職場環境が悪化しているといえます。パワハラの場合、次に自分がターゲットにされるのではという不安もあると言います。

白河　いじめと同じで、パワハラ気質の人はターゲットを次々に変えていきますからね。

「被害者＝ハラスメントを受けている当事者」という公式そのものが崩れつつあるわけですね。

五味　はい。通報者には、目撃者もいれば、直接の被害者から相談を受けている方もいます。通報することを本人に伝えている場合も伝えていない場合もあります。

白河　被害者以外からの通報の場合、調査はどのように進めるのですか？

五味　パワハラの場合は、調査の一環として被害者に話を聞く方法や、職場環境調査、社員全員面談として話を聞く方法もあります。**セクハラの場合は、直接被害を受けている当事者の意思、希望を最優先するので、当事者が調査を希望しているかを確認します。**通報者がハラスメントを受けている当事者とは限らないので、被害者を「調査対象者」として調査を進めることができるので、セクハラの通報が増えるのではないかと思います。

白河　ハラスメントを訴える声が拾えるようになっていれば、通報者は誰でもいい、と。男性上司からのセクハラ被害にあっている人が何人もいて、集団で女性上司に告発した話を聞いたことがありますが、その女性上司が相談者となって調査が始まることも可能というわけですよね。

五味　はい。そうです。

白河　社内窓口だからいい、社外窓口だからいい、というわけではない？

五味　**複数の窓口から選択できるのがよいと思います。**社内窓口には人柄を知っている方がいるので安心できる、相談のハードルが低いと感じる人もいます。一方で、社外窓口のほうが秘密も自分の利益も守られる、公平に調査をしてくれると考える人もいます。2つの窓口に同時に相談する場合もあります。社外窓口にも相談内容を知っておいてほしいといいます。

白河　ただ、ハラスメント通報窓口が設置されてはいるものの、それが機能していないともよく聞きます。例えば、窓口に座っている人が窓際族の年配の男性で、その人がパワハラ体質だから言えないというケース。コンプライアンス担当の人からは、セクハラの場合、男性が相談を受けると「同期の誰々はそういう奴じゃない」と恣意的な目線が入ってしまうという話もありました。

五味　社内の恣意的目線の排除をしたい方は、外部の目線をもって対応する社外窓口を選択すればよいと思います。また、**最近、ハラスメント相談は、従来のハラスメント専用窓口ではなく、コンプライアンス部門に設置された内部通報窓口になされることが増**

えています。内部通報制度は、公益通報者保護法を踏まえ、通報者保護を重視したガイドラインに沿ってつくられているので、事実調査・認定、評価を行うというプロセスや、通報者保護制度が社内規則で定められるなど、客観性や公平性が重視された制度設計や運用がなされています。従来のハラスメント専門窓口は、相談を受け付けた後の流れが明確にされていないことが多いのです。ハラスメント専用窓口についても、恣意性を排除する制度を整備することが必要です。

白河　その意味で、匿名調査のようなものは必要かもしれませんね。今まで誰も訴える人がいなかったのに、匿名調査をしたらすごい数のハラスメント案件が出てきたというのはよく聞く話です。相談件数は、企業によっても違いますよね?

五味　相談件数は企業によって違います。部署や部門によっても異なります。グループ全体をみても子会社によって違います。特定の部署、特定の子会社の相談件数が多い、逆に特定の部署からの相談がまったくないということもあります。ハラスメントの多い組織でも、啓蒙活動、予防策を講じる、相談や通報があればしっかり調査して処分することで、少しずつ変わります。**1年、2年でガラリとは変わらなくても、数年単位でだんだんよくなっていく。**

白河　懲戒があることを社員が知らない場合もあります、加害者が本人と特定されない程度に「こういう訴えが何件あって、何件がこういう懲戒処分になった」と社内向けの開示はしていくべきですよね。

五味　**内部通報制度の運用実績を開示している会社は増加しています。**通報しても放置されるのではないかという疑いも払拭されますし、モラルの向上にもつながるので推奨しています。セクハラについての処分の開示は、被害者が特定されないよう配慮するため、開示しないのが一般的ですが。

白河　社外との間のハラスメントには、どう対応すべきでしょうか。例えば、こんな例です。ある管理職の人が、自分の部下が重要な取引先からパワハラにあっていることに悩んでいた。直接その人に抗議すると取引関係を切られるかもしれない……。こういう場合は、どこへ訴えるべきなのでしょうか？

五味　取引先に対してパワハラについての情報提供をして調査、担当変更、再発防止策の策定などの申し入れをする方法があります。管理職自身が対応すると取引関係に悪影響を及ぼす懸念があるわけですから、**会社対会社の関係で解決する方法をとるべきです。**管理職が上司に報告・相談し、法務・コンプライアンス部門に相談します。申し入れは、法務から取引先法務に行う、あるいは、営業部門トップから取引先営業部門トップへということもあります。

白河　さまざまな手があるのですね。ちなみに、先程の話はどう収まったかというと、ちょうど悩んでいたときに相手の企業から「うちの社員からのハラスメント被害に遭っていたら教えてください」という通達がたまたま回ってきて、通報した結果、部下は被害から免れたのだそうです。こうした通達をするのも重要かもしれませんね。

五味　**継続的取引関係にある企業の役職員から通報を受け付ける企業が増えています。取引先を対象とした窓口を設置する企業もあります。**設置後、取引先に対して「うちの社員が何か悪いことをしていたら、こちらに通報してください」と周知する。通報対象となる内容は、セクハラ、パワハラだけでなく、過剰な接待を要求したり、架空発注でキックバックさせるなどのいわゆるたかりや不正行為の要求も含まれます。通報が入れば調査を行い是正しますし、通報を理由として取引関係を切らないという約束もします。対企業でも報復禁止は必要です。

管理職の悩みがハラスメントを呼ぶ

白河　企業は、「このようなセクハラは○○として処分する」といった規定を決めるべきでしょうか？　ある外資系企業の規定には、「お疲れさまという意味でも肩を触ってはいけない。それはセクハラにあたり、勧告処分となる」といったようにハッキリと記載されていました。ハラスメントの定義と処罰の規定は措置義務にはなっていませんか？

五味　規則等でハラスメントがどのような行為か、ハラスメントを懲戒処分事由となることを定めるよう求められていますが、ハラスメント行為をどの程度具体的に定めるかは会社の裁量にゆだねられています。具体的行為と処分の種類との詳細な「対応関係」までは求められていませんが、**禁止行為を具体的に定めれば、何をすると懲戒処分の対象となるか予測可能となります。**「指導との線引きがわからない」という悩みもかなり解決されますし、被害者も相談しやすくなると思います。

白河　「パワハラを問題視していたら上司が指導できなくなってしまう。指導不足になってしまう」というのはよく聞く意見です。

五味　パワハラ的指導以外の接し方がわからなくて、委縮してしまうケースですね。パワハラを注意された上司がそれ以降部下との接触をまったく持たなくなる。部下に業務指示ができなくなるとか業務上必要な最低限の情報共有はするが、それ以外のコミュニケーションをまったくしないとか……。**当の上司に話を聞くと、「部下とどう接していいかわからない」と打ち明けてきます。**

白河　「仕事上、必要なパワハラがある」というよく聞く意見にもつながりますね。ハラスメントの加害者の多くは40代、50代の男性だとある企業のコンプライアンス担当者に聞きました、彼らは上意下達のコミュニケーションしか知らない。それで育った世代は、コーチングなりの新しい指導法を学ぶ必要性があるのではと感じます。

五味　今の管理職の世代はつらいと思います。会社は、担当者として業績を上げた社員を管理職に登用します。しかし、管理職としてのマネジメント力やコミュニケーション・スキルは担当者のそれらとは異なるのに、習得する機会がない。**パワハラ的指導を受けてきたのに、管理職になったらその指導法が使えないので戸惑っています。**

白河　この時代の新しい課題ですね。部下を正しく評価、指導できない上司が、突然部下を辞めさせたいと言い出したり、感情的になって部下を怒鳴り散らしたりしてしまう。

五味　ハラスメントを問題視しているならば、企業は管理職へのスキルアップ研修にも力を入れる必要があります。禁止リストをつくってもパワハラが減らないのは、部下にどのように接していいかわからないからです。パワハラ的指導にかわる適切な指導法がわからないのです。上司は部下を適切な方法で指導できないし、サポートもしない。部下の成果も上がらない。上司はイライラして、部下に「なんでできないんだ」「何やってるんだ」と長時間、繰り返して、精神的に追い詰めるやり方をしてしまう。

白河　「厳しい試練を与えるほうが部下のためになる」と考える人は本当にたくさんいる。でも、追い詰めることは厳しい試練ではない。

五味　24時間対応できて当たり前という考え方も違います。

白河　**長時間労働の職場、短期的な成果を求めるような職場はハラスメントが起きやすいというデータがあります。**

五味　そういう職場では、上司もイライラしやすいですよね。

白河　高橋まつりさんの事件も、長時間労働が原因の一つだと言うと、「長時間労働じゃなくてパワハラ、セクハラでしょ」と言われるんです。でも、帰れないと逃げ場がないし、常にその人の目にさらされていること自体が不安につながる。ある企業の人も長時間労働の職場とハラスメントは相関があると話していました。

五味　長時間労働でも、本来の業務が多すぎることが理由で長時間労働になるケースと、上司が残っているからとか、長時間勤務が評価されるからといった理由で帰れないケースもあります。

白河　部下との関係でいうと、ハラスメントに厳しくなると**「権利を行使する人がいる」という声もよく聞きます。**「ちゃんと仕事もしていないくせに、パワハラだ、パワハラだって言いやがって」みたいなことですね。上司としては、部下がきちんと仕事をしないことを受け止め、指導すべきなんですよね。

五味　部下を指導する、サポートするのが管理職の仕事です。部下の業績が上がらない、勤務態度が悪い社員に対するパワハラも多くみられます。**パワハラを正当化する口実にしているケースが多々あります。**

白河　確かに、セクハラは仕事ができる女性からもできない女性からもまんべんなく被害の声を聞きますが、パワハラの場合は要領のいい男性、仕事ができそうだなという男性からは被害の声を聞いたことがない。

五味　要領よく仕事する社員はパワハラする上司をうまくかわしているのかもしれません。一方で、業績が上がらない社員がハラスメントにあうと、委縮してしまい、さらに仕事ができなくなり、業績が上がらず、さらにパワハラが深刻になるというように、悪循環に陥ることがあります。

白河　その人に見合った指導がわからないから……。

五味　部下が「まだできてない」「だいぶ前に指示したのに終わっていない」といったことが続くと、上司は頭に血が上って怒鳴りつけてしまう。上司が指摘する内容が的を射ていたとしても、2時間も3時間も怒鳴り続けたら、パワハラになります。「加害者は正しいことを指摘している」「言われて仕方ないほど被害者は仕事ができない」と周囲が言ったとしても、指導のやり方に問題があるので、パワハラに当たります。

白河　本来なら、仕事のできない人は評価が悪くなり、給与が低くなったりするはず。その意味では、成果主義を導入しない日本企業の給与体系もまた問題ですよね。同じ額をもらえていると思うと、生産性が悪い人に腹が立ったりする。

五味　**パワハラの背景には給与体系の問題もありますね。「あの人は仕事ができないのに何も言わない（叱らない）のは甘い」という周囲の目があるの**で、上司は、頑張っている部下の不満がたまらないよう、生産性の悪い部下にきつく当たることもあります。管理職は、業績を厳しく求められ、部下の公平性やモチベーションも考慮しなければならない。難しいかじ取りが必要ですので、管理職に対する支援も必要です。

白河　支援は必要ですよね。管理職の相談窓口もあるべきでしょうね。

五味　そう思います。パワハラの原因や背景として、管理職のスキル不足や意識の低さ以外に、管理職自身がメンタル面での問題を抱えていたり、介護などとの両立で精神的にも時間的にも余裕がないことがあります。イライラしたり怒りを感じやすい状態ですね。また、管理職は、その上、つまり経営層や幹部層から追いつめられ、それが部下に向いていることも。上がパワハラ体質で……なんて愚痴を聞くこともあります。

白河　上司が誰にも相談できないという悩みはあるようですね。従業員のコンディション変化発見ツール「Ｇｅｐｐｏ」の取材をした際にも、そんな話が出てきました（詳しくは次章参照）。人事評価には響かないことになっているため、普段は出てこない本音が表出したのでしょう。この取材では、社員を活性化できるかどうかは企業の対応次第なんだなと実感させられましたね。

五味　業績達成への過度のプレッシャー、管理職の意識の低さ、スキル不足、長時間労働を当然とする職場環境、相談先のなさ……いろいろなものがパワハラとなって問題化しています。スキルアップ研修や相談窓口といったサポート体制がなく、「パワハラはダメだ」というだけでは管理職も追いつめられます。メンタル不調で休職するケースは、管理職も含めて年々増加傾向にあります。法改正は、「予防策」「窓口の設置」「事後対応」「再発防止策」を措置義務化してハラスメントをなくそうという建て付けですが、**ハラスメントのない良好な職場環境をつくり、管理職を活性化するには、会社の仕組みとして管理職を支援する対策がとても大事だと思います。**

白河　その意味で、ハラスメント研修を管理職にするというのは、すごく正しいですよね。

五味　そうです。管理職向け、経営者向けのハラスメント研修の講師をすることがあります。

白河　手ごたえはいかがですか？

五味　「これがハラスメントにあたる」ということは理解されていると感じます。グループワークでは、具体例をディスカッションすることを通じて、出席者同士が悩みを共有し、知恵を出し合って解決策を見出す。ハラスメントについてだけでなく、部下の指

図表4-2 法改正に関する変更点

	現行制度	改正法案の主な内容
セクシュアルハラスメント	〈男女雇用機会均等法〉 • 事業主に雇用管理上の措置を義務付け ①事業主による方針の明確化と周知・啓発 ②苦情などに対する相談体制の整備 ③被害を受けた労働者へのケアや再発防止 • 履行確保（都道府県労働局による事業主に対する助言、指導、勧告、企業名公表） • 紛争解決（都道府県労働局長による援助、調停）	〈男女雇用機会均等法〉 以下の規定を新設 • セクシュアルハラスメントに関する国、事業主及び労働者の責務（セクシュアルハラスメントを行ってはならない旨を明記） • 労働者がセクシュアルハラスメントに関して事業主に相談したことを理由とした不利益取り扱いの禁止
マタニティハラスメント	〈男女雇用機会均等法、育児介護休業法〉 上記と同様	〈男女雇用機会均等法、育児介護休業法〉 上記と同様
パワーハラスメント	法的規制なし	〈労働施策総合推進法〉 • セクシュアルハラスメント及びマタニティハラスメントと同様の規定を新設（法的規制の新設）

出典：国際女性会議 WAW! 2019配布資料（岩田善美枝氏作成）

導について考える機会になります。

白河　今回提出された法案では、職場でのハラスメントは行ってはいけないという理念法が入ります。日本にも、欧州のようなハラスメント全体の禁止法は必要だと思われますか？

五味　ハラスメント禁止規定はあったほうがいいと思います。「ハラスメントは違法である」ということが明確になりますから。

白河　罰則は必要でしょう

か？

五味　罰則を設けるのであれば、禁止行為の具体化、明確化が必須です。

企業、キャリアにとってハラスメントはなぜリスクか

白河　＃ＭｅＴｏｏからの時代の流れ、そして法改正があり、今後、企業や働く人はどんなことを心得ておくべきでしょう？

五味　**まず、時代は変わっていることを認識すること。ハラスメントは企業にとっても、個人にとっても大きなリスクです。**まず、企業にとっては、職場環境の悪化、生産性の低下、企業イメージの低下、人材確保への悪影響……。企業の不祥事の背景としてパワハラが指摘されています。パワハラは、部下を不正に追いやり、不正の温床にもなります。こうしたリスクを冷静に見極めている会社は変わらなくてはいけないと感じています。旧態依然としていた企業でも、この1、2年でずいぶんと意識が変わっています。自らパワハラ体質と言っていた会社が、「グループ全体でパワハラ研修をやります」と言い、実行しています。

白河　いいですね！　空気が変化しているのは私も感じています。

五味　数年前から長時間労働やハラスメントに起因するメンタル不調で休職する人が急増していることが背景にあるようです。また、パワハラの法制化の影響もあります。

白河　ハラスメントの懲戒を決める場に多様性があるかどうかも重要だという話も聞きます。

五味　私もそう思いますね。懲戒委員会の場や、意思決定の場に多様性を持たせること。**セクハラの判断をする際、男性だけでなく、女性が意思決定の場にいることが重要です。**また、外部委員を入れて、外部の目線を取り入れる企業もあります。

白河　コーポレートガバナンス・コードが変わり、上場している企業は中小であろうと取締役会の多様性が求められるようになりましたね。女性や社外取締役など。

五味　ハラスメント対策という意味でも、よいタイミングだと思います。先ほど挙げたリスクは中小企業にとっても他人事ではありませんし、**人材獲得に関しては「今変わらないと人が獲れなくなる」と危機感を覚える経営者も少なくないはずです。**

白河　同じ理由で働き方改革に着手する中小企業も増えています。特に地方の中小企業は、一度悪評が立ってしまったら大変なことになる。最近は『キャリコネニュース』などの口コミサイトの信頼度も高くなっています。売り手市場ですから、働きやすい職場に人は流れてしまう。休みが取れなかった調剤薬局が、働き方改革をして有休が取れるようにしたら、学生からの応募が何倍も来るようになったという話もあります。

五味　熱心な企業は、ネット上の口コミも気にして、自分の会社がどう見られているかに意識的ですね。内容を読めば社員はわかるみたいなんですよね。**企業がネットの書き込みから把握したセクハラ事案を対処したことがあります。**

白河　ネットの書き込みが一つの通報になってしまう。そんな時代において、働く人にとってハラスメントはどんなリスクになると考えていますか？

五味　管理職にとっては、信用を落とす、懲戒処分を受ける、キャリアプランが変わる、法的責任追及を受けるといったリスクがあります。「ハラスメントをする人」とされて役員や幹部への登用を見送られることもあります。将来を有望視され、役員間近と言われていた社員でも、セクハラで登用がなくなる事例もあります。また、役員の**セクハラは辞任必至といえるでしょう。会社にとってもレピュテーション（風評）リスクが大きいのです。**

白河　生産性の観点からも、リスク管理の観点からも、ハラスメントを重要事項としてほしいですね。
五味 企業はリスク管理としてハラスメントの防止、相談、通報への対応を行う必要があります。不正の防止という観点からも重要です。また、個人にとっても、ハラスメントをリスク管理として捉えてほしい。パワハラをする人はそれが指導だといいますが、その指導は効果がない。ハラスメント防止のための禁止リストで「線引き」を求めるよりも、効果的な指導、マネジメントを学び、生産性を上げるという発想への転換が必要です。

●五味祐子氏プロフィール
国広総合法律事務所、弁護士（パートナー）。1994年上智大学法学部卒業、99年弁護士登録。専門は、会社法／コーポレートガバナンス、リスク管理体制（内部統制システム、コンプライアンス体制、内部通報制度）の構築運用、不祥事発生時の危機管理、ハラスメント対応など。消費者庁の内部通報制度に関する認証制度検討会の委員を務めた。現在、内閣府大臣官房総務課法令遵守対応室法令参与、上場会社の社外監査役を務める。主要著書に、『コンプライアンスのための内部通報制度』（共著、日本経済新聞社、2006年）『海外贈収賄防止コンプライアンスプログラムの作り方』（共著、レクシスネクシス・ジャパン、2015年）。講演多数。

第5章

#MeToo以降のハラスメント対策最新事情

組織がハラスメントをアンラーニングするために

ある企業でハラスメントはあるかと尋ねました。

Aさん（40代男性）「うちの企業はきちんと『ハラスメント対策』をやっていると思っています。ハラスメントのホットラインもあり、新入社員が入ってきたら、必ずハラスメント研修を外部の専門家に頼んでやっています。ハラスメントがあるかですか？　うーん。通報窓口にはほとんど通報がないので、ないんじゃないでしょうか？」

Bさん（20代女性）「いえいえ、ハラスメントはあります。ただ通報しないだけなんです。パワハラもセクハラもマタハラもあります。通報しても、結局自分の損になるだけじゃないですか？　我慢できない人は黙って辞めていきます。新人がいつかない部署は大体セクハラやパワハラをする上司がいる部署です。上層部の意識が昭和のままだからダメなんですよ」

同じ企業でも、二人が見ている景色は違います。今まで「法律違反」はしていなかった企業でも、ハラスメント問題への新たな対処が必要です。私たちはハラスメントという「悪しき労働文化」をどう変えていけばいいのでしょうか？

#ＭｅＴｏｏ世界の潮流から日本で何が起きたのか？

まず今までの「法令遵守」のハラスメント対策では、ハラスメントの申告がされない、また防止できていないことが、今明らかになっています。そして、多くの困っている人が声を上げるきっかけになったこととして、#ＭｅＴｏｏの存在は無視できません。

世界的な#ＭｅＴｏｏの流れに対して、私たちは今セクハラやパワハラに対してどう向き合うのが良いのでしょうか？

「今まで問題にならなかったことが、なぜ今はダメなのか？」という声があります。

福田淳一元財務事務次官のセクハラ事件では、「被害者にはめられたのでは？」と加害者をかばうような発言もありました。同じ女性記者であっても、「みんな同じようにセクハラに耐えて情報を取ってきた。報道の世界で甘っちょろいことを言うな」と言う人もいます。

そう、今まではずっとあったことだったのです。でも明らかに周囲の環境は変わっています。変化に目を向け、自分をアップデートしないとついていけません。

特に2017年から2018年は、変化の年でした。今までの海外と日本での#MeTooの流れをまとめてみました（164～165ページ［図表5-1］スポーツ関連などパワハラも一部含んでいます）。

今まで「セクハラ」は、非常に軽い扱いを受けてきました。しかし、2017年に始まった#MeToo運動を受けて、そうした扱いは変わらざるを得ないでしょう。事実、海外ではセクハラによる経営者の辞任、有名人の失脚が相次いでいます。

例えば2018年10月、米グーグルは過去2年間に経営幹部13人を含む従業員48人をセクハラで解雇したと発表しました。そのきっかけとなったのは、2014年に退職した副社長が、それ以前に社内セクハラを通報されていたにもかかわらず、9000万ドルの退職金を支払われていたというニュース（「米グーグル、セクハラで48人解雇　うち13人は幹部」『朝日新聞デジタル』2018年10月26日）。グーグルといえば、2018年11月に約2万人の従業員が行ったハラスメント対応をめぐる抗議デモが記憶に新しいですよね。デモを受け、グーグルはハラスメント対策の改善などを発表しました。

国内でも、福田元財務事務次官への#MeTooは、日本の労働環境を変化させようとしています。財務省の事務方トップを辞任させ、国会の議論を停滞させ、セクハラ緊急対策をつくらせ、男女雇用機会均等法改正の議論を起こし、日本初の「ハラスメント禁止の包括法案」への協議をもたらしているのです。

セクハラは「企業、組織」の経営課題へ

福田氏の辞任した4月18日をもって、今、企業が対峙しなければいけないのは「セクハラやパワハラをするが、仕事はできる人」への処遇になったと言っていいでしょう。福田氏のような人物に対しては、「仕事はできるが、組織に多大なリスクをもたらす人＝仕事のできない人」という認識に変わってきています。

今まではセクハラと仕事の能力なら、仕事の能力のほうが重くみられていました。セクハラは「女子どもの問題」として軽く扱われるか、または「個人の問題」「アンタッチャブルなもの」として黙認されてきました。開けてはいけない「パンドラの箱」だったのです。

しかし**セクハラは、個人の問題から、「組織の生産性」や「リスクマネジメント」に**

2018年4月	写真家荒木経惟氏のモデルを16年間つとめた女性がブログで、モデルとして尊重されていなかったことを告白。
	モデルの水原希子氏が、Instagramのストーリー機能で撮影時に無理強いされた経験を告白。
	財務事務次官だった福田淳一氏による女性記者へのセクハラ発言疑惑を『週刊新潮』が報道。
5月	日本大学アメリカンフットボール部の選手による悪質タックルが、監督からの指示であったことが選手本人により告発される。
	アイドルグループ「虹のコンキスタドール」の元メンバーがプロデューサーで運営会社ピクシブの社長を提訴。
7月	日本ボクシング連盟の会長だった山根明氏が、パワハラ辞任。
8月	日本体操協会が、リオオリンピック体操女子代表の宮川紗江選手に暴力行為をしたとして、コーチを無期限登録抹消処分に。宮川選手は協会からのパワハラを明かす。
9月	インターネットテレビAbemaTV「極楽とんぼKAKERU TV」生放送中に酒に酔った男性陣からのハラスメントがあったと出演女性が明かす。
10月	アメリカの最高裁判事ブレット・カバノー氏の過去の暴行疑惑が告発される。
	愛媛県のアイドルグループ「愛の葉Girls」の大本萌景氏が3月に自殺、背景に所属事務所からパワハラがあったとして遺族が提訴。
2019年1月	報道写真の月刊誌「DAYS JAPAN」の編集長だったフォトジャーナリストの広河隆一氏による性暴力を、編集部に出入りしていた女性7人が告発。週刊誌の報道を受け、同誌は廃刊。

出典：『BuzzFeedNews』「#MeTooは届いたのか。2017年から声をあげた人、そして変わったこと」を参考に著者が加筆修正
https://www.buzzfeed.com/jp/akikokobayashi/metoo1year

図表5－1 近年のハラスメント事例

2017年2月	配車サービスで知られるUber社内のセクハラを元女性エンジニアが告発、トラビス・カラニックCEOが謝罪。
5月	ジャーナリストの伊藤詩織氏が、元TBSワシントン支局長の山口敬之氏からのレイプ被害を告発。
10月	ハリウッドのプロデューサー、ハーヴェイ・ワインスタイン氏の20年以上にわたるセクハラ、性的暴力への被害告発相次ぐ。
	女優アリッサ・ミラノ氏の提案により、Twitterで性暴力の被害を受けた女性が声をあげる#MeToo連帯が広がる。
	オリンピック女子体操の金メダリスト、マッケイラ・マロニー氏が13歳からチームドクターによる性的虐待にあっていたことをTwitterで告白。
	伊藤詩織氏が手記『Black Box』を実名で出版。
	俳優アンソニー・ラップ氏が、俳優ケヴィン・スペイシー氏から14歳だった1985年に性的な誘いかけを受けたとインタビューで語る。
11月	元厚生労働事務次官の村木厚子氏が、幼い頃の被害経験をシンポジウムで告白。
	ブロガーはあちゅう氏、大手広告代理店勤務時代に上司だった著名クリエイターから受けたパワハラを証言。
	グラビア女優の石川優実氏がブログで、枕営業の実態を告白。
2018年1月	ゴールデン・グローブ賞授賞式で、ハリウッドセレブが黒のドレスやスーツで抗議の意を表明。グラミー賞授賞式では、ミュージシャンが白いバラをつけて#MeTooなどの運動に連帯を表明した。
2月	女優カトリーヌ・ドヌーヴ氏は100人の女性の連名でセクハラ告発を非難する文書を「ル・モンド」紙に掲載。
3月	日本レスリング協会の栄和人氏が、レスリング女子でオリンピック4連覇の伊調馨氏にパワハラをしていたという告発状が内閣府に提出されていたことが判明。

関わる経営課題になってきました。パワハラも同じく、組織の生産性、マネジメント、イノベーションという観点から、本当に指導に必要かが問われています。

アメリカでは、セクハラが企業に与える損失は1社につき約15億円との見方もあるそうです。米系企業はハラスメント対策に余念がありません。近年では、ハラスメント対策は人材獲得戦略であるとも考えられています。どの企業も、「優秀な人材がパワハラ、セクハラだらけの企業では来てくれない」という危機感を持っているのです。アメリカのウォール街では今、「セクハラ対策をきちんとしているか」が、就職の条件として問われるそうです。米系証券の人事担当者も、「東海岸でMBA（経営学修士）を取得した優秀な人材は、かつてならウォール街に就職してきました。しかし、今は皆シリコンバレーなどの夢のある企業に行ってしまいます」と嘆いていました。

アメリカでは2018年3月、セクハラがあった企業の株を排除する「反セクハラ上場投資信託（ETF）」まで登場したそうです。

米国ではセクハラがあった企業の株を排除する『反セクハラ上場投資信託（ETF）』が3月に登場。セクハラ疑惑で創業者が辞任したカジノ大手、ウィン・リゾーツの株価が報道後3日で15%下げるなど、投資家の選別も加速している。

（「『見ないふり』企業のリスクに」『日本経済新聞』2018年6月29日）

投資家がハラスメントの発覚した企業の株をすぐに手放すのは、アメリカではすでにそうした企業の将来性はないと判断されるせいでしょう。

また日本でも「ハラスメント保険」という動きがあります。保険会社がビジネスにするということは、リスクマネジメントしなければいけないことなのです。

ＭＳ＆ＡＤインシュアランスグループホールディングス『雇用慣行賠償責任補償特約』の昨年度契約件数は2年前の2・5倍以上に拡大。厚生労働省の調査によれば、「いじめ・嫌がらせ」を理由とする民事上の個別労働紛争は昨年度に7万2000件を突破、8年前の2倍超に達した。こうした保険は、個人がハラスメント被害に遭った場合に弁護士費用を補償するタイプと、企業が加害者として訴えられた場合に賠償金や争訟費用を補償するタイプに大別できる。

（「『セクハラ告発準備保険』契約急増の理由」『プレジデント』2018年9月3日

号）

企業は誰を守るべきか？

財務事務次官のセクハラ事件のように、「他社」との間にセクハラが起きた場合、企業は誰を守るべきなのでしょうか？

「他社」との間でのセクハラ事案は、対処を間違うと批判を招き、企業のブランドを毀損するリスクがあります。財務事務次官のセクハラ事件で、テレビ朝日は本来、告発があった時点で、自社の社員を守るために正式な抗議をしたほうがリスクは少なかったでしょう。なぜなら、福田氏が辞任してから会見を開いたことにより、「対処が遅い」と批判の声が上がったからです。

一般企業の例でいえば、２０１８年10月に起きた百十四銀行の会長の辞任があります。社員を他社のハラスメントから適切に守れなかったことが、批判や辞任の原因となっているのです（71ページ参照）。

一方で、会社が社員を守ったハラスメント事例には、２０１８年１月に起きた日本ハムの社長辞任事件があります。ある航空会社が、「自社の社員に対して日本ハムの執行役員がセクハラをした」と日本ハムに対して指摘。その結果、加害者の執行役員とともに、一緒にいた社長も責任を取るかたちで辞任となりました。日本ハムは航空会社にとって有力なお客さまですが、会社は社員を守ったわけです。

どちらを向くか、誰を守るかによって、世の中からの評価には大きな差が出ます。

なぜハラスメントを報告できないのか？

社内でのセクハラ、そしてパワハラに関しても、第一に被害者、告発者を守るという意識を持つべきです。とかく告発者は、「二次被害（告発者自身が非難を浴びること）」にあいやすいものです。企業は、「報復禁止措置」を徹底する必要があります。

ハラスメント通報窓口は、独立性や秘密保持に関して徹底しなければいけません。多くの企業の窓口が機能しないのは、「セクハラ・パワハラ体質の男性や知り合いが窓口にいるので、申告する気持ちになれない」という心理が働くからなのです。

セクハラがあっても被害者が報告しないのは、①報告しても被害者が損をするのが予想できる（訴え損になる）こと、②そもそも窓口自体が有効ではない（あるかどうかもわからないし、あっても使いづらい）ことが理由です。措置義務違反にならないように設置されてはいても、機能していない窓口が多いのでしょう。

日本経済新聞によれば、セクハラ被害者の6割超が、セクハラにあっても報告せずに

図表5－2　セクハラに関する緊急調査
（対象：働く女性1000人）

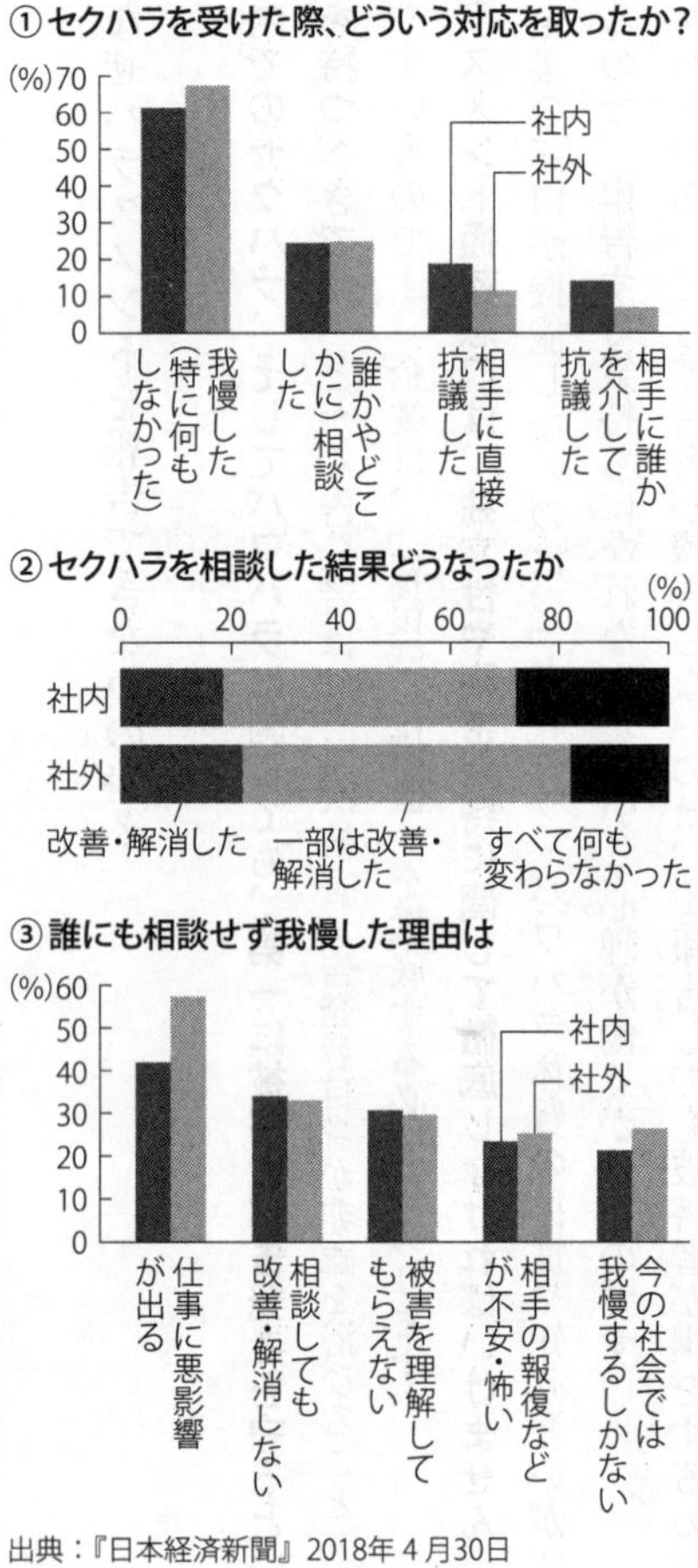

出典：『日本経済新聞』2018年4月30日

我慢していることがわかっています［図表5－2］。

働く女性1000人を対象にセクハラに関する緊急調査を実施。被害に遭った女性の6割超が「我慢した」と答え、その多くが「仕事に悪影響を及ぼすから」と相談もできずにいる実態が分かった。女性活躍の推進には、働きやすい環境が欠かせず、防止対策と併せ意識改革が求められる。

（「6割超が我慢『仕事に影響』働く女性1000人セクハラ緊急調査」『日本経済新聞』2018年4月30日）

適法か、適切か？

では、企業はどういったハラスメント対策をとるべきなのでしょうか？

「位置づけとして、コンプライアンス経営のマネジメントの一環ということになります」と人権問題、セクハラ問題に詳しい寺町東子弁護士は話します。**ハラスメントを防ぐための枠組みとして寺町弁護士が挙げるのは、①ポリシーの表明、②窓口の設置、③**

調査体制の整備、④是正措置・再発防止策の4つです（「セクハラ相談を、上司1人が判断するのは適切なのか。弁護士が提案する『組織での対応』とは？」『HUFFPOST』2018年4月20日）。

私の考える①のポリシーの表明とは、企業のトップが「ハラスメントを許さない」「ハラスメントにはこうした懲戒をする」と明言すること。これは、抜けている企業が多いなと感じます。トップ自身が、セクハラ、パワハラをしている張本人であることさえある。ハラスメント体質の男性が出世してきたこともまた、日本企業の現実なのでしょう。

②窓口の設置、④再発防止策としてのハラスメント研修などは、男女雇用機会均等法で定められた措置義務にあたります（今後はパワハラも措置義務の対象になります）。ただし、措置義務だけでは「適法」であっても不十分であり、ハラスメントがもたらすリスクに対処できないことが、財務事務次官のセクハラ事件における財務省やテレビ朝日の対応を見ていてもよくわかります。

企業は「適法」を超えて、「適切」な対処をしなければならないのです。

加えて、寺町弁護士はテレビ朝日の事件を例に組織として対応しない報道機関の「安全配慮義務違反」を以下のように指摘しています。

「社員である記者に対する安全配慮義務として、取材対象者からのセクハラやパワハラなどの嫌がらせや暴力に対し、会社としてしかるべき対応をとる義務を負っています」

（「『報道機関にも記者を守る責任がある』福田財務次官のセクハラ疑惑、寺町弁護士が指摘」『HUFFPOST』２０１８年４月17日）

ハラスメントのアンラーニング

前述しましたが、セクハラやパワハラは、長い間かけて「ラーニング」したものだったのかもしれません。しかしそのラーニングは、組織を生産性の悪いもの、リスクの高いものにする一因となっています。セクハラやパワハラは、組織単位で「アンラーニング」していきましょう。

これは長時間労働の構造と似ています。長時間労働もまた、かつては「企業が勝つ方法」として学習されてきました。それは、日本の人口ボーナス期、生産人口が多く、ものをつくればつくるほど売れる時代だったから。テレビならテレビを長時間労働してたくさんつくれば、それで企業が儲かる仕組みだったのです。しかし、今やテレビはコモディティ化した商品で、誰もが持っている。少子化の日本ではつくってもそれほど売れないし、また世界では他国のメーカーによるもっと安いテレビが市場を取っています。もう長時間労働と稼ぐことには相関関係がなくなったのですが、いまだ長時間労働による成功体験が、時代に合わなくなっても多くの職場で「アンラーニング」されずにいるのでしょう。長時間労働をやめるには、組織的に学び直しをすることが重要です。そのためには、「消灯」や「パソコンの強制オフ」「残業しないチームにボーナス支給」などのショック療法も、「昭和レガシー企業」には必要です。

パワハラに関しては「指導との線引きが難しい」と必ず言われます。しかし、仕事上、上司と部下という立場があっても、それはただの役職です。上位のものが下位の人の尊厳を傷つけてもいい、好きに命令していい、そんな上意下達のやり方こそが今の時代に合わないのです。コーチングの手法を使うなど、耳の痛いことをいかに伝えるか、新しいフィードバックの技術がマネジメントには必要です。

ハラスメントのない枠組みや風土をつくるには？

では、どうしたら「ハラスメントを防げる組織」としての枠組みや風土を構築できるのでしょうか。１７６ページの［図表５－３］に、企業対応の段階をまとめてみました。皆さんの会社はどのフェーズでしょうか？

自らのフェーズを知ったところで、次に、先のフェーズへ移行するために行うべき具体的な方法について、詳しく見ていきましょう。

●ハラスメントについて周知、啓蒙する

セクハラ対策の第一歩は、社内で「何をしたらハラスメントなのか」「ハラスメントを防ぐにはどうしたらいいのか」「被害をどうやって通報すればいいのか」「相談を受けたらどうすればいいのか」などの知識を周知、啓蒙することです。例えば、セクハラについて知識がなければ、無意識のセクハラをやめることも、自分のされていることがセクハラなのか判断して声を上げることもできません。研修は、トップ層も含めてあらゆ

図表5－3　企業対応の段階

フェーズ0	通報窓口の整備、意識啓発のセミナーなどを怠っている。	この状況自体が、均等法の措置義務違反。至急整備する必要がある。
フェーズ1	ハラスメント通報窓口があってもだれも利用しない。	通報窓口の設備、セミナーの実施もあるが、ハラスメントを訴える人はいない。声を上げても会社が対応してくれなさそうだったり、訴えても損になるだけになったりしそうなので、だれも窓口を利用しない。被害者は自衛するか、我慢するか、黙って辞めていく。彼ら、彼女らはその後、メンタルヘルスに苦しみ、定職に就けなくなってしまうケースも多い。
フェーズ2	ハラスメント被害が通報され、調査され、加害者が懲戒されたという事例がある。	「被害を受けたら通報しよう」と考える人が多い。通報窓口は社内、社外を選べるなど、ハラスメントを訴えやすい環境がある。セミナーは上層部を含めて、複数回、または定期的に行われている。通報窓口の相談者にもきちんと研修が用意されている。
フェーズ3	会社をあげて抑止、防止に努めている。	ハラスメントの抑止策、防止策がきちんと機能している。懲戒やハラスメント事例がわかりやすくシェアされている。セクハラ被害の調査が行われており、その結果などから訴えのないハラスメントに対して会社が介入することも。ハラスメントを容認しなくてもいい風土があり、専門の第三者機関が独立して機能しているケースも少なくない。

出典：著者作成

る階層の人々に対しての必須事項です。一度きりでなく毎年一回など繰り返し実施すると効果的です。ハラスメント理解のための冊子や、上司が相談を受けた際の対応フローを作成し、配布している企業もあります。「ハラスメント窓口の存在を、小さなカードやシールをつくって配っただけで、通報が増えた」という担当者もいました。

通報窓口の担当者に対しては、別途研修を行う必要があります。せっかく相談窓口があっても、その担当者がハラスメントの事実を認識できなくては意味がありません。すでに対応されたハラスメント被害に関して、情報開示を行っている例もあります。ある企業では、懲罰委員会で処分を受けた社員がいた場合、部署名、氏名を伏せた上で事実を社員に公表。これは、相談したらどうなるかを知らせ、安心して相談できる風土をつくっています。ハラスメントを許容しない風土を周知する機会にもなります。

もっとも効果的な啓蒙方法は、会社の経営トップが組織内のハラスメント撲滅をはっきりと宣言することです。セクハラ対策に成功している企業を見ていると、トップが率先してハラスメント対策に取り組んでいることがわかります。毎年、ハラスメント撲滅月間を設け、トップメッセージとして繰り返しハラスメントの禁止を宣言し続けている企業もあります。

●相談しやすい対応窓口の整備

セクハラの通報に欠かせないのが、専用の対応窓口です。電話やメールなどの「通報ホットライン」を設ける、第三者機関などに委託して外部窓口を設けるなど、複数の窓口を整備することで、相談しやすい環境づくりをするケースもあります。ハラスメント対策に詳しい五味祐子弁護士によれば、最近は「コンプライアンス窓口」（データ改ざんや、金銭に関するものなど、あらゆる違法行為を通報する窓口）に、ハラスメントの相談も来ることが多いそうです（詳しくは第4章参照）。

例えば、製薬会社のエーザイでは、コンプライアンスに関する内部通報窓口として、社内に2つ、社外に1つ、計3つの窓口を開設しています。社内窓口では原則としては本人の所属、氏名を明らかにすることになっているそうですが、匿名での相談、通報も可能。通報方法も多様で、電話、イントラウェブ上のフォーム、Eメール、封書などから選択できます。社外窓口は法律事務所に開設され、本人の所属、氏名を明示したうえで、Eメールか封書で連絡を行う。セクハラに関しては別途、本部と各支部に専用窓口を用意しているといいます。なお、社内窓口のうち1つと社外窓口は、社員だけでなく契約社員やパートタイマー、アルバイトにも開放されています。

エーザイは、それ以外にも仕事や職場の悩みの相談先として、社外オンブズパースンの「GUIDEA」を社外窓口として導入しています。これは、社外相談員が国際オンブズマン協会の倫理規程、実務基準（守秘、中立、独立、非公式）に基づいて運営している組織。コンプライアンスに関する意識調査で「カウンター（窓口）には相談しづらい雰囲気がある」という声があったことから導入され、社外相談員は、相談者の話を聞き、問題解決の手助けをしているそうです（内藤忍「内部通報制度を利用した労働者の苦情処理」JILPTディスカッションペーパー09－06、2009年）。

特にハラスメントに関して、人間関係に関しては会社に対して相談しにくいと感じる人が多いため、一助となっているケースも多いのでしょう。

他には窓口の担当者、相談員を男女それぞれ複数人配置し、相談する人を選べるといった工夫をする例もあります。被害がセクシュアルな内容を含む場合は異性には打ち明けにくいでしょうし、そもそも異性にはわかってもらえないかもしれないと考えがちです。

なお、**ハラスメントの通報者、相談者の信用を得るため、窓口の対応は「独立性」「非公開」「匿名」が守られることが重要です。**

●通報した人を守るための「報復禁止措置」を設ける

ビザ・ワールドワイド・ジャパンは、セクハラ被害を訴えた人に対する報復禁止方針も徹底しているといいます。「ハラスメントフリーな環境をつくることを全社員の行動指針として位置付けています」と代表取締役社長の安渕聖司さん（ビザ・ワールドワイド・ジャパン㈱代表取締役社長［2019年3月まで］）は話します。

ハラスメントは、立場が上の人から下の人へ行われるケースがほとんど。ハラスメントの被害者がハラスメントを通報できないのは、「報復として不利益を被るのが怖い」と考えてしまうからです。部下は、上司の気分次第で不利な立場に追い込まれかねず、報復禁止措置なしに被害者が声を上げることは困難です。

均等法の改正で「報復禁止」は法律に書き込まれますので、新たな仕組み作りが急務です。

未然に防止　最新のハラスメント対策とは？

窓口への申告という「待ち」の姿勢から、「申告がなくても、未然にハラスメント防止」という対応をしている企業もあります。

●社内で行われているコミュニケーションを監視する

外資系企業では電話やメールの内容を会社が確認するなど、企業側が積極的に事前介入します。ある米系金融機関では、社員のメールを監視しており、疑わしいものがあれば、被害者本人から訴えがなくても会社として介入します。この会社では、入社時に「セクハラやパワハラを行ったら、すぐにクビになっても文句は言いません」という書類にサインをさせているそうです。

●アクセンチュア「働き方改革の項目としてハラスメント対策」

被害者の声を拾い集める方法は、窓口の設置だけではありません。被害者が申告しなくても、ハラスメントに会社が介入できる仕組みをつくっている企業も少なくありません。その一つが、社内調査です。

コンサルティングのアクセンチュアでは、四半期ごとに全社員に対して働き方改革の進捗状況調査を実施。その項目に、「ハラスメントを容認する風土がありますか？」という設問があるそうです。なお、すべての項目に関して、その結果は社内共有されます。

そもそもアクセンチュアでは、ハラスメントが会社の生産性、そして人材獲得にかかわる問題だと考えられています。２０１５年４月から全社的に「Project PRIDE（プロジェクト・プライド）」という働き方改革を推進しています。これは「アクセンチュアで働くすべての人々が、プロフェッショナルとしてのあり方に、自信と誇りをもてる未来を創造する全社員イノベーション活動」です。人材なくして成り立たない業界だからこそ、長時間労働の是正、セクハラ、パワハラ防止、女性活躍を含めたダイバーシティの推進、多様な人材のリクルートなどを含め、多くの働き方改革に取り組んでいます。チームや個人の生産性の調査も常に行っており、これらの調査結果はハラスメントの現状や原因を分析する材料になり、明らかにチームがうまく回っていない場合、ハラスメントの現状や原因について分析でき、対応方法を考えるベースになっています。時には

「ディープダイブ」といって、チームに専門担当者が深く関わって改善するケースもあります。

ハラスメント対策としては、「どこで話がつながるかわからないので、会社には相談できない」という声が上がったことを受け、セクハラ・パワハラを相談する「社外窓口」の追加設置を行ったそうです。「Project PRIDE」開始から2年かけ、長時間労働の是正、資料率の低下などが認められ、「ハラスメント窓口も信頼され報告が上がるようになった」と関係者は語っています。

ぜひハラスメントの調査をしてみましょう。それも、外部委託による無記名の調査を。内部調査では、会社が信頼されていない場合には、だれも正直に答えないからです。ある企業のコンプライアンス担当者は、「思いきって調査をしたら、ぶわっと出てきた。今は対応に追われている」と話していました。

●ビザ・ワールドワイド・ジャパン「ハラスメントを目撃した人に通報の義務がある」

先述のビザ・ワールドワイド・ジャパンでは、ハラスメントをはじめとした「差別行為」を目撃した社員は人事部に通報する義務を持っているそうです。代表取締役社長の安渕聖司さん（2019年3月当時）はこう言います。

「ハラスメントを目撃した社員は会社に通報する義務があります。匿名でもできます。一方、報復禁止方針も徹底しています」

ITを活用してセクハラを見える化

近年、ハラスメント対策になるITツールも続々と登場しています。なかなか言い出しにくいハラスメントがITの力で可視化されるため、ハラスメントの防止に効果的です。

●カリスト：ハラスメントや暴力の通報アプリ

「カリスト」は、ハラスメントや暴力の通報アプリです。匿名で被害内容と加害者の名前を登録すると、別の人が同じ相手から被害を受けたと報告した場合に通知が来ます。登録した人は、その後、あらためてその人を正式に報告するかどうかを選択できるという仕組み。アメリカの大学を中心に導入されているそうです。

ハラスメントの被害者、目撃者の多くは、ハラスメントがあっても、その行為がハラスメントだと判断しきれずに放置してしまうといいます。「一度きりかもしれないし」「これはセクハラ、パワハラといえないのでは」と思うと、告発をためらってしまうのです。

一方でカリストの仕組みは、被害にあっているのが自分だけでないとわかってから報告ができるため、被害者が勇気を出しやすいというメリットがあります。ハラスメントの加害者が複数の人に同じことをしているケースはよくあります。多くの人の声がITの力で可視化され、告発の判断基準となるのです。

カリストを開発しているプロジェクト・カリストのCEOジェス・ラッド氏は、「報告が自分のためだけの行動ではないと思わせることで、道徳的な責務を果たしやすくすると同時に、通報者のリスクを下げる」（「ハラスメント通報　アプリで手軽に」『SankeiBiz』2017年8月16日、元記事は『Bloomberg』）と話しています。

●ソレハラ：国内最大級のハラスメント改善プラットフォーム

日本で生まれたハラスメント対策サービスに、「ソレハラ」があります。「国内最大級のハラスメント改善プラットフォーム」を謳《うた》っており、現在、利用できるサービスは「匿名ネコ裁判」と「匿名メール」の2つ。「匿名ネコ裁判」は、匿名で誰かの行為がハラスメントにあたるかどうか、ほかのユーザーに投票してもらう仕組みです（ソレハラ公式サイトより）。

もう一つの「匿名メール」は「あなたのそれ、セクハラですニャ」と、猫のキャラクターが代わりに匿名メールを送ってくれる仕組みです。匿名メールを送られた人は、「ありがとう」「ノーコメント」といったリアクションを返せます。どちらも無料、かつ会員登録も不要で利用可能。匿名通報でありつつ、一方通行ではないのがいいですね。

ソレハラのリリースには、そのメリットがこう書かれています。「ハラスメントは行う側が気づいてないことが多く、放置しておくといきなりの離職や訴訟などに繋《つな》がる可能性があります。『ソレハラ』は気がついた時に誰でも匿名メールを送ることができるため、組織内ハラスメントを軽度な段階で認知させることが可能です」

２０１８年5月のサービス開始以降、累計1万超のハラスメント告知メールが送信されており、毎月約１５００名が利用しているとのこと（２０１８年12月時点）。ウェブサイトではハラスメントに関するコラムもスタートしています。今後は、専門のカウンセラーや弁護士に相談ができるサービスや、法人向けのサービスも充実させていくようです。

●Geppo：従業員のコンディション変化発見ツール

サイバーエージェント系列の「Geppo」は、従業員のコンディション変化発見ツールです。「月報」が名前の由来で、月に一度、従業員一人ひとりに質問を投げかけ、コンディションを測定。その変化をキャッチしたり、個人が抱える悩みやキャリアに関する希望を聞き出したりできるのが特徴です。「Geppo」のベースとなったシステムを開発したサイバーエージェントでは、この自社ツールを実際に従業員管理ツールとして活用しています。

質問は3問あり、1問目は「先月のあなたの成果やパフォーマンスはいかがでしたか？　天気でお答えください」、2問目は「あなたのチームの今のコンディションを天気で教えてください」。3問目は、その時期に聞きたいテーマを設定する仕組みです。これらの質問に対して、従業員は天気マーク（快晴、晴れ、曇り、小雨、どしゃ降り）を選んで回答。3問を回答し終えた後に自由記述欄が設けられており、悩みや不調を伝えることもできます。

いわゆる従業員満足度調査として年1回か半年に1回、設問数の多い大規模アンケートを行う企業は少なくありませんが、「正直、答える側としては負担になる」という声もよく聞きます。その点、「月1回、お天気マークを選ぶ3問だけ」というのはシンプルで浸透しやすそうな手軽さですよね。サイバーエージェントではグループ企業も合わせて約5000人を対象にしているそうですが、回答率はなんと96％。コメントも3割程度から必ず送られてくるといいます。

サイバーエージェントでは、質問への回答はＧｅｐｐｏの担当チームと役員だけが閲覧でき、回答者の上司の目に触れることはありません。また、部下全員が曇りで上司だけが晴れの場合など、チームの関係性に問題がありそうなケースは介入することもあります。個々へのフォローも欠かしません。「どしゃ降り」のマークを2ヵ月連続で付けたメンバーには、必ず声をかけにいくといいます。フリー回答としてコメントを書いた人には、基本的にすべて返信。メールやメッセンジャーで個別にコンタクトして追加でヒアリングを行う場合もあれば、深刻度に応じて面談を設定する場合もあるそうです。

以前、取材をした際、担当者は社内でハラスメントを事前に防ぐためにもＧｅｐｐｏ

が役立っていると話していました。３問目を「あなたの周囲で、デリカシーがない人や振る舞いなどはありますか？」という設問を投げ、ハラスメントについてストレートに聞きました。以前の調査では、８００件ほどコメント回答が上がってきたといいます。これに対しても、担当者はすべてに返信。また担当チームのメンバーと人事担当役員ですべてに目を通し、重要なコメントをピックアップして役員会に届けたそうです。同時に、すべてのコメントを事業部ごとにまとめ、管轄する役員に報告して対応を促すという形で対処。コメントの記入者には、対応についての進捗と今後についてフィードバックをしました。

サイバーエージェント内では、Ｇｅｐｐｏは従業員満足度の向上とキャリア形成に役立っているといいます。ハラスメントに限らず、従来は見えなかった課題が、生の声の吸い上げという形で可視化されたからです。取材をした際には、Ｇｅｐｐｏにより組織の目指すマネジメントの傾向が見えてきて、対マネージャーの研修の企画にもつながったという話を聞きました。

Ｇｅｐｐｏは、リコー、ＮＴＴデータ、ライオン、デンソー、エイベックスグループなどが導入しています。働き方改革推進の中で、「従業員の声を十分に聞けていない」

という課題を持っている企業が多いという話でした。取材の際、担当者の大久保泰行さんは、こんな風に語ってくれました。

我々は（Ｇｅｐｐｏを）リサーチではなく、コミュニケーションのツールだと位置づけています。「聞かせてください、教えてください」だけだと使ってもらえない。答えたらちゃんとレスポンスがあるという信頼を築いて、やっと活用度が高まるものだと考えています。「何か困ったときにはここに相談したらいい」と思ってもらえる存在になれたらいいなと。

（「サイバーエージェント　社内ヘッドハンターが人事編成」『NIKKEI STYLE』２０１８年12月12日）

一方的なリサーチツールとしてでなく、従業員一人ひとりの相談役としてツールを運用することで信頼を得る。「従業員の声を聞く」とは、こういうことを指すのかもしれません。いずれにせよ、導入の際は運用チームの対応が成否をわけるカギとなりそうだなと感じました。

●Hitachi AI Technology／組織活性化支援サービス：ハピネス度で働き方をアドバイス

日立製作所は2015年から、「Hitachi AI Technology／組織活性化支援サービス」を提供しています。これは、デジタル技術を駆使して組織の活性度を計測し、働き方をアドバイスするもの。この指標となっているのが、「ハピネス度（組織活性度）」なのだそうです。「ハピネス度」は、個々の従業員が身に着けた名札型ウエアラブルセンサーで得た行動データから導き出されます。

日立製作所の実験によれば、「ハピネス度」が高い組織ほどパフォーマンスや業績も高いことが明らかになったとのこと。あるコールセンターでの実証実験では、「集団全体のハピネス度」が高い日は、そうでない日に比べて受注率が34％も高い値になったといいます（「組織の『幸福度』を測りパフォーマンスを向上」『JBPressデジタルイノベーションレビュー』2018年5月30日）。

セクハラをはじめとするハラスメントは、組織のストレスを大きくし、「ハピネス度」を必ず下げるでしょう。「Hitachi AI Technology／組織活性化支援サービス」は、三菱UFJ銀行、JALなどで導入され、2年間で20社以上から注文が相次いだといいます。従業員のストレスの把握と減少に役立てた事例もあるため、ハラスメント対策にも役立つのではないかと思います。

セクハラのフレームワーク？

#MeTooのおかげで、今まで言えなかったことが言えるようになった人は大勢います。「その場にいて止められなかった」と後悔して、「今後は何かしよう」と思った人も多いと思います。女性も「自分たちが声をあげなかったから」という後悔から、#MeTooを応援している人がいます。何かが変わっている……そう感じる人は少なくありません。**しかし同時に多くの男性は脅威に感じています。女性でもそうです。誰もが加害者になるかもしれないからです。**先日も『さよなら！ハラスメント』（晶文社）での小島慶子さんとの対談で「おじさんをいじることも、もうセクハラかもしれない」と反省したことを思い出します。有名な経営者でも権力者でも追われるアメリカの状況、日本でも会長や社長の辞任が大きく報道されるようになりました。

怖いのは「どこまでがハラスメントか」という境界線がわからないからです。よく

「個人の感じ方次第」という、いささか乱暴な言い方で、せっかく話そうとしても議論が打ち切りになってしまうことがあります。しかし、**それほど「個人」に依存したもので懲戒が決まるわけではないというのが専門家の見方です。**

前章でお話を伺った五味先生は、「一人の感じ方や申告した内容だけでセクハラやパワハラは決まるわけではない。外部窓口である私のような外部の人間が入って一緒に精査しますが、その場合、企業の中の人が『これは黒、これは白』と判断する基準は、私の目から見ても大体同じです」ということでした。

外部の専門家や社内の複数（懲戒を決める場に女性が入っているほうが望ましい）の目で、申告内容を精査し、客観的に懲戒をきめていきます。懲戒が不服なら、裁判所に申し立てることもできます。

セクハラに関して、働く人同士、企業が話し合いをするための「客観的な基準」を提供するフレームワークがあります。良い取り組みなので、ここで紹介します。

このフレームワークはさまざまな分野の数百名の女性への聞き取りからつくられました。

キャスリーン・ケリー・リアドン氏（南カリフォルニア大学マーシャル・スクール・オ

ブ・ビジネスの名誉教授）が開発したＳＳＭＷ（Spectrum of Sexual Misconduct at Work：職場におけるセクシャル・ミスコンダクトのスペクトラム）というものです（『ハーバード・ビジネス・レビュー』２０１８年８月７日）。

軽いものである①から、明らかなセクハラ、性的虐待となる⑥まであります（［図表５－４］参照）。このフレームワークをもとに、例をあげて、どこに位置するか、冷静に話し合うためのツールです。

一見軽い「今日の服、ステキだね」は①の「概して侮辱的ではない」ですが、それが「しつこく繰り返される」と「軽度に侮辱的」と感じるようになります。また性的な意味合いが強い視線やジェスチャーが伴うことで「侮辱的」と捉えられます。

「女性は辞められるからいいよね」と発言したり、ダイバーシティ研修に関して「はいはい、また女性向けね」という態度をとったりするのも、②の「気まずくさせる／軽度に侮辱的」に入るのではないでしょうか？　もちろん、女性も加害者になりますし、また男性に対する侮辱もあります。「男らしくない」「男が育休取るなんて」という発言もこの辺りに入りそうです。

またＳＯＧＩハラについても、考えるきっかけになります。ＬＧＢＴの人たち、性的少数者の人たちが職場にいることを知らなくても「ホモって気持ち悪いよな」というような発言はハラスメントとなります。またその人の性的指向（好きになる人の性別：Sexual Orientation）を知っていたとしても、勝手に暴露すること（アウティング）は重大な結果を招きかねないハラスメントです。一橋大学では男子学生が同級生によるアウティング被害の後に大学内の建物から転落死しました。２０１５年に起きた痛ましい事件で、遺族は大学と同級生を訴える裁判を起こしました。

図表5-4 SSMW

言動がどのカテゴリーに該当するかは、状況、これまでの関係、口調、および非言語的な行動によって決まる。

① **概して侮辱的ではない**
ヘアスタイルや服装などについての日常的な発言

② **気まずくさせる／軽度に侮辱的**
女性に不利なジェンダーの違いに言及したり、暗示したりする発言

③ **侮辱的**
ジェンダーの違いに鈍感だったり傲慢だったりする態度

④ **極めて侮辱的**
意図的に侮辱する発言や行動

⑤ **明らかなセクシャル・ミスコンダクト**
下品な行動、あるいは身体に実際に触る行動

⑥ **重大なセクシャル・ミスコンダクト**
無理強い、性的虐待、または暴行を伴う言動

出典：キャスリーン・ケリー・リアドン　南カリフォルニア大学マーシャル・スクール・オブ・ビジネス名誉教授、図は『ハーバード・ビジネス・レビュー』より

元財務事務次官の発言をこれでカテゴライズしてみます。「おっぱい触っていい？」「エロくないね、洋服」などの繰り返しの発言は④または⑤の「明らかなセクシ

ャル・ミスコンダクト」に入るでしょう。また加害者は記者が情報をとって帰らなければいけない取材先のトップです。「誰がいうか」という意味でも、大変問題があります。彼の機嫌を損ねたら「取材先との関係が壊れるかもしれない」と思ってしまう。パワーの上下は圧倒的です。不快や拒絶をはっきりと表に出せない立場の差があります。

「SSMWの末端部にある『重大なセクシャル・ミスコンダクト』には、思わせぶりに女性に体を押し付けて、性的行為や性行動を拒否する女性にキャリアが終わるとほのめかしたり、脅したりする行為などが入る」

と開発者のリアドン氏は言っています。

拒絶がなくてもセクハラとされます。最近判決が下された別の事例でも、「コンビニ店員にセクハラ、笑顔対応は『同意』じゃない　市職員が逆転敗訴」(『弁護士ドットコムニュース』2019年2月14日)と報じられました。この記事中で、セクハラ問題に詳しい新村響子弁護士は「セクハラを受けて内心では嫌だと思っていても、店員という立場上、客である加害男性に、明確に拒否反応を示すことが難しいという被害女性の心理状態を踏まえた妥当な判断であると思います」と判決を評価しています。

また、このフレームワークは企業発信の中に「性差別がないか」を検証するときにも使えると思います。2019年3月に炎上したトヨタ自動車の公式ツイッターでのアンケートの件はどうでしょう?

トヨタ自動車のアンケートは、〈女性ドライバーの皆様へ質問です。やっぱり、クルマの運転って、苦手ですか?〉という質問に、〈とても苦手〉〈どちらでもない〉〈すこし苦手〉〈得意です!〉という選択肢が用意されたものだ。〈やっぱり〉という表現を用いて「女性は総じて車の運転が下手である」と決めつけるかのような表現に批判が多く寄せられ、トヨタ自動車はアンケートを削除。

（「トヨタ炎上騒動で『スッキリ』出演陣の思考停止が浮き彫り」『wezzy』2019年3月6日）

これには「女性は運転が下手」という決めつけがあります。女性だから「能力が劣る」「女性だからこれが苦手」というのは「侮辱的」のカテゴリに入るでしょう。またこのアンケートが炎上したのは、「誰がいうか」という問題も大きいのです。世界のトヨタが「女性は運転が苦手」と上から決めつけたことが問題です。カテゴリ③ぐらいに相当するかもしれません。

意識ではなく、行動にアプローチせよ

では、このフレームワークを会社や組織でどう使うのか。開発者は「申し立てられたセクシャル・ミスコンダクトを判定することに役立つ」としています。フレームワークに基づいて、過剰反応なのか、それとも対応が不十分なのか、判定するときに使うことができます。

またオープンに話し合うことのきっかけづくりになります。研修では「これはセクハラ、あれはマタハラ、これはSOGIハラ」などと事例を挙げて、覚えこませるようなものがありますが、自分たちで考える参加型の作業があったほうが理解度が深まります。**押し付けられた規範ではなく、自分たちで規範をつくることに関わった……そうした体験のほうが多くの人の賛同を得られるでしょう。**

なぜなら、ダイバーシティやセクハラなどの研修を受けた後、かえって状況が悪くなる例もあるからです。

効果的な研修とは「行動」が変わるものです。**その人が生まれ育った環境などに根ざす「無意識のバイアス」は、なかなか変えることが難しい。**人は誰もが「無意識のバイアス」を持っていて、私もあなたもそれは同じです。しかし自分の中の「無意識のバイアス」があることに気づけば、行動は変えられます。

『WORK DESIGN（ワークデザイン）』（NTT出版）を書いたイリス・ボネット氏（ハーバード大学ケネディ行政大学院教授）は「解凍（アンフリーズ）→変容（チェンジ）→再凍結（リフリーズ）」という方法を提案しています。

まずは無意識のバイアスに気がつき、それがどう人の行動に影響するのか、その結果何が起こるのか、知ることは重要です。研修は「見えないバイアス」への気づきを促します。その後、「変革を後押しする」仕組みをつくります。前述のフレームワークなどを使って、「何がセクハラか」自分たちで規範をつくるワークショップなどを行うと「変容」につながりそうです。でも、人は新しい考え方を知っても、とっさに反応できないでしょう。そこで「新しい考え方を定着させる＝再凍結」が必要になります。

例えば組織のルールを変えることも「再凍結」に役立つでしょう。例えばビザ・ワールドワイド・ジャパンが用いている「ハラスメントを見たら、必ず報告しなければいけない」というルールです。サイボウズは「何か疑問に思ったり、モヤモヤしたら必ず質問する」という義務をルールにしています。例えば給与の額から、自分につけられた恥ずかしいあだ名が嫌でモヤモヤするという些細なことまでも！ これを「質問責任」と言い、また質問されたら「回答責任」もあります。誰か回答できそうな人に質問し、結局は「社長」が説明責任を負うこともあります。

例えば、「部屋のカードキーを挿入しないと照明がつかない」というホテルのシステムがどうやって生まれたか、知っていますか？ 『WORK DESIGN』によると、どんなにエコを心がけている人でも、ホテルの部屋を出るときに電気を消し忘れる。そこでキーを差し込まないと電気がつかないシステムにするという、行動のデザインで問題を解決できたのです。

これに似た仕組みをハラスメントでもつくれないものでしょうか？

米国のレストランHomeroomでは「ハラスメントを受けたと感じたとき、イエロー、オレンジ、レッドの3色のどれかでマネジャーに報告する」という仕組みがありました。イエローは「注意を払い監視する」、オレンジは「テーブルの担当を変える」、レッドは「丁重に、だが毅然とした態度で客に店を退出してもらう」です。

マネジャーは「本当なのだろうか?」「得意客だから」と悩むことなく、ルール通りに動くだけ。最大のメリットとしては「ほとんどのケースで、深刻化する前に状況を改善できるようになった」こと。以前は深刻なセクハラが起きていた職場が3年で変わり、今ではレッドになるお客は「年に1回程度」です。

「ハラスメント行為をするのはほんの数人です。その人たちに出ていってもらったとしても、スタッフの幸福度が増せば、結果的にお客さまからの評判もよくなるのです」

離職率も減り、長期的には会社にも従業員にも大きな利益になるハラスメント対策です(『Works』152号、リクルートワークス研究所、2019年2月)。

「何がセクハラに当たる」かの基準を明確に

「ハラスメントハラスメント」という言葉があります。パワハラやセクハラを訴える声が男性を過剰に委縮させ、それこそがハラスメントではないかというのです。この#MeTooの嵐の中でも、「男性が委縮して気の毒なぐらい」「会社は逆セクハラを気にする」という意見が見られます。

こうした勘違いが起きるのは、「何がセクハラに当たる」という基準を明確にしていないからでしょう。グローバル基準では、セクハラは客観的に判断されるものです。ある外資系企業の「ハラスメント基準」を見せてもらったところ、「お疲れ様という意味でも肩を揉むなど触れた場合」は「このような懲戒になる」と細かく基準が決まっていました。これは上場しているニューヨーク証券取引所の基準を参考に決めたそうです。

世界の企業の「ジェンダー平等スコア」をランキングし、投資家に情報提供するエクイリープ社ではシンガポール、香港、日本の企業のスコアをつけました。この3ヵ国の平均スコアはグローバル平均に比べて低く、セクハラに関する企業ポリシーを持っている企業はグローバルの49％を大きく下回り、全体の16％しかなかったそうです（「GENDER EQUALITY IN JAPAN, HONGKONG&SINGAPORE」エクイリープ社、2019年）。このような情報は「投資判断」に使われます。「役員構成の男女比が均等な企業は投資効率が良い」という報告書が上がっており、そのためには「ハラスメントのない環境整備が重要」ということが、グローバルの常識となっているからです。

セクハラ防止対策として具体的なルールを決めているのが、アメリカの動画配信企業のネットフリックスです。2018年6月、#MeToo運動の広がりを受けて、ロンドンの撮影現場などで、セクハラに関する具体的なルールを導入したことをイギリスのメディアが報じました。

そのルールとは、「５秒以上、相手を見つめてはいけない」「同僚が不適切な振る舞いをしたら『やめて、二度としないで！』と叫ぶ」「長いハグはしない、長く触らない」「いちゃいちゃしない」「一度断られたらデートには誘わない」「同僚の電話番号を聞かない」など。

＃ＭｅＴｏｏ運動は、ハリウッドという映像制作の現場で起きたセクハラに端を発しており、その告発者にはネットフリックスの女性プロデューサーも名を連ねていました。「やり過ぎ」という声もありますが、ネットフリックスは「安全で敬意ある労働環境」のためとしています（「５秒以上見つめるのは禁止　ネトフリがセクハラ防止対策」『朝日新聞』２０１８年６月14日）。

米インテルでは２０１８年にＣＥＯが社内規則違反で辞任しています。インテルは「上司と部下の恋愛を禁じる規則」を設けていて、それに違反したのです。なぜ「上司」と「部下」なのかといえば、上司にとっては恋愛でも、部下にとっては「断れない仕事上の関係」に過ぎないことが多いから、そのリスクを防止するためです。

別の企業でも、「3回誘って断られ、4回目に誘ったらセクハラ」という規定があると聞いたことがあります。**ハラスメント対策に力を入れる企業は、これから明確な社内ルールをつくることが増えるのではないでしょうか。**日本でも、線引きがあったほうが判断しやすいかもしれません。

求められる管理職の多様性

どんなに対策をしても、セクハラはゼロにはなりません。**最終的には「管理職の多様性」を進めていくのが、究極のセクハラ対策だと言えるでしょう。**

シカゴ大学教授の山口一男氏は、意思決定の会議への出席者の約半数が女性というアメリカと比較しながら、「男性のみで、自分たちの限られた経験知で意思決定をすれば、セクハラ問題やワークライフバランス問題のように、男女で経験の大きく異なる事柄に対しては、女性の視点の無視・軽視が起こりやすく、それがまた女性が活躍できる社会の基盤づくりを阻んでいると思われる」としたうえで、次のように述べています。

「このような日本社会を変え、人々が性別にかかわらず生き生きと働ける社会を生み出すには、今後一人でも多く、政治や経済活動での意思決定の場に女性を送り出していくことが根本対策であると思う」(「女性差別とセクハラ問題――財務官僚のセクハラと麻生大臣の発言から考えたこと」『HUFFPOST』2018年5月2日)

日大のパワハラ事例にしろ、財務省とテレビ朝日のセクハラ事例にしろ、日本で起きているハラスメントは、「男性だけの同質集団」にリスクがあることを示しているのではないでしょうか。

教育、雇用などの社会的機会の平等が求められる欧米からすれば、「男性だけの同質集団」は時代遅れで「リスクがある」ものに映るでしょう。海外のクライアントが、同じような年齢、性別の集団しか出てこない企業に対して「取引するのをやめておこうか」「投資をやめよう」とためらう可能性は大いにあります。**それほどに「同質性」のリスクは「日本型組織」の脆弱性として、看過できないものになっているのです。**

ハラスメントは、ただそれが起きないように対策すればいいものではなく、「生産性の高い職場づくり」「企業のリスクマネジメント」として取り組む課題です。働き方改革の一環としてハラスメント対策を強化している企業もあります。セクハラに対する扱いの「耐えられない軽さ」も過去の話。ぜひ一度、職場で話してみてほしいと思います。

セクハラと法律

今後は、法律の枠組みを整えることも重要でしょう。日本には、「企業はセクハラを防止せよ」という措置義務はあっても、「セクハラはいけない」とする法律はありません。パワハラに至っては、ついこの間まで措置義務ですらなかったのです。

ＩＬＯ（国際労働機関）の総会テーマは、２０１９年まで「仕事の世界における暴力とハラスメント」となっています。基準設定委員会は、２０１９年にも世界基準の職場におけるハラスメント防止のための条約を制定する方針です。世界銀行の調査（２０１８年）では、セクハラの加害者に対して刑法上の刑罰を設けている国は79ヵ国あるそう。職場のセクハラを禁止する法律がない国はＯＥＣＤ加盟国の中で、チリ、ハンガリー、日本の３ヵ国だけだといいます。ハラスメントを中心に労働法を研究する内藤忍さんは、こう話しています。

欧州ではEU指令で多くの国が禁止規定を持っています。イギリスの「2010年平等法」では雇用をはじめ教育やサービス・公的機関など多領域において、セクハラを差別の一形態とみなし禁止しています。またイギリスでは労働事案の場合、被害者が雇用審判所に訴えることができ、セクハラと判定されれば使用者に賠償金の支払いが命じられます。数百万円から1億円を超えるケースもあります。

（「セクハラ防ぐ法整備の課題は」『しんぶん赤旗』2018年9月30日）

日本でも、今までの仕組みではハラスメントが防げないことが明らかになりました。労使ともに新たな議論をする時期なのです。

第6章
同質性のリスクは組織のリスク

日系企業の女性執行役員Aさん「ハラスメントの懲戒を決める場に、女性がいるかどうかはすごく重要です。私は以前、某企業で、オブザーバーとして取締役会に出ていたのですが、その場にいる男性たちとまったく意見が違うことがよくありました。例えば、金銭などの不正があった場合の懲戒を厳しくしたら、すごく減ったんです。でもセクハラの懲戒は厳しくならず、報告の数も増えている。もっと厳しくしたいと言ったら、『それをやったら社内結婚が減るんじゃないか』と上の人が言って、役員たちの間では笑い話で終わってしまいました。そういう問題ではないのに……しかし取締役会に出ている女性は私だけ。いつもモヤモヤしたまま終わってしまいます。どうしたら、上層部にわかってもらえるのでしょう」

日本社会の同質性の高さ

これまでの章で、ハラスメントのない職場をつくるためには、組織が変わり、ルールが変わり、個人の行動が変わることが重要、そしてセクハラに対しては、とにかく「意思決定層の多様性を持たせること」が究極のセクハラ対策とお話ししました。具体的には、意思決定にかかわる女性が全体の35％以上になるといいですね。35％はティッピングポイントといって、何かを変えるために必要な割合です。

多様性と言うと、なぜ女性からなのか？　外国人などもいるでしょう？　と言われます。しかし、日本の多様性はまずはジェンダーダイバーシティ、女性に対して始まります。ある経営者は「今は女性の活躍を一生懸命やる。なぜなら女性ができないなら、他の外国人などの多様性はもっとできないからだ」とおっしゃっていました。

なぜ今、多様性が必要なのでしょう。それは、**日本の組織における同質性のリスクが無視できないほど高いものになっているからです。**ある組織の管理職層のハラスメント研修の写真を見たら、座席を埋めるのは９割が男性。しかも、彼らは前から年功序列で座っています。こうした景色を見るだけでも、日本の組織内で大事な決定をしている層が、ほとんど「同質な男性」で占められていることがわかります。同質とは「性別、年齢、学歴、社歴（転職経験者があまりいないのも、日本の保守的な組織の特徴です）」などです。

先日、ダイバーシティを推進している企業を訪問したとき、経営者からこんな話を聞きました。海外支社で役員たちと撮った写真と、日本の役員たちと撮った写真の2枚を用意して、男性を青、女性を赤で塗ってみます。すると、海外は青と赤が入り混じっているのに比べて、日本は真っ青になる、と。**日本の職場環境は、海外基準に照らし合わせると、異常だというわけです。**これは実際に自社のダイバーシティ推進研修でも使う手法だそうで、日本の社員の人たちは顕著な違いに驚くと話していました。普段見えている景色の「当たり前」を疑うこと。そのことが「同質性」の中にいるとわからないのです。

官僚のデータ改ざん、忖度、セクハラ、それだけでなく、日本レスリング協会、日本体操協会など体育会系組織である競技別協会へのハラスメント告発の数々、炎上する企業のCMやテレビのバラエティ番組、スルガ銀行の不正融資問題。さらに就活セクハラのひどい実態が明らかになり、大林組や住友商事からは逮捕者も。大企業、霞が関、マスコミなど、多くの不祥事が明らかになっています。

2018年6月には、経団連の会長、および18人の副会長という「日本経済を引っ張るパワーエリート」の同質性の高さが記事になりました（「経団連、この恐るべき同質集団」『日本経済新聞』2018年6月21日)。「(1)全員男性で女性ゼロ(2)全員日本人で外国人ゼロ(3)一番若い杉森務副会長(JXTGエネルギー社長)でも62歳。30代、40代はおろか50代もいない」うえ、「全員がいわゆるサラリーマン経営者」ばかりで、さらに「19人の正副会長全員のだれ一人として転職経験がない」そうです。まさに「同質性の高い」集団が、日本の経営のトップ層なのです。

経済界はそれでも、マスメディアや霞が関と比べたら、まだ女性がいるほうです。大きな経済団体のパーティなどに出席すると、女性経営者も少しはいるのです。多様性には経済的合理性があるからですね。しかし新聞社の経営幹部が全国から会するような旧メディアの集まりに行ったら、女性の経営者はゼロ。

214ページの[図表6-1]が、国家公務員の構成を示した表ですが、45歳以上の男性が非常に多い。昭和レガシーの日本企業もほとんどが同じような構成でしょう。

不祥事が起こりやすい組織の特徴として、「同質性の高さ」があります。不祥事とは、昨今明らかになっている公文書改ざんや隠蔽、受託収賄、セクハラなど。

村木厚子さんはダイバーシティ(多様性)の推進について、「同質型の組織や社会が

図表6－1　同質性の低い組織のリスク

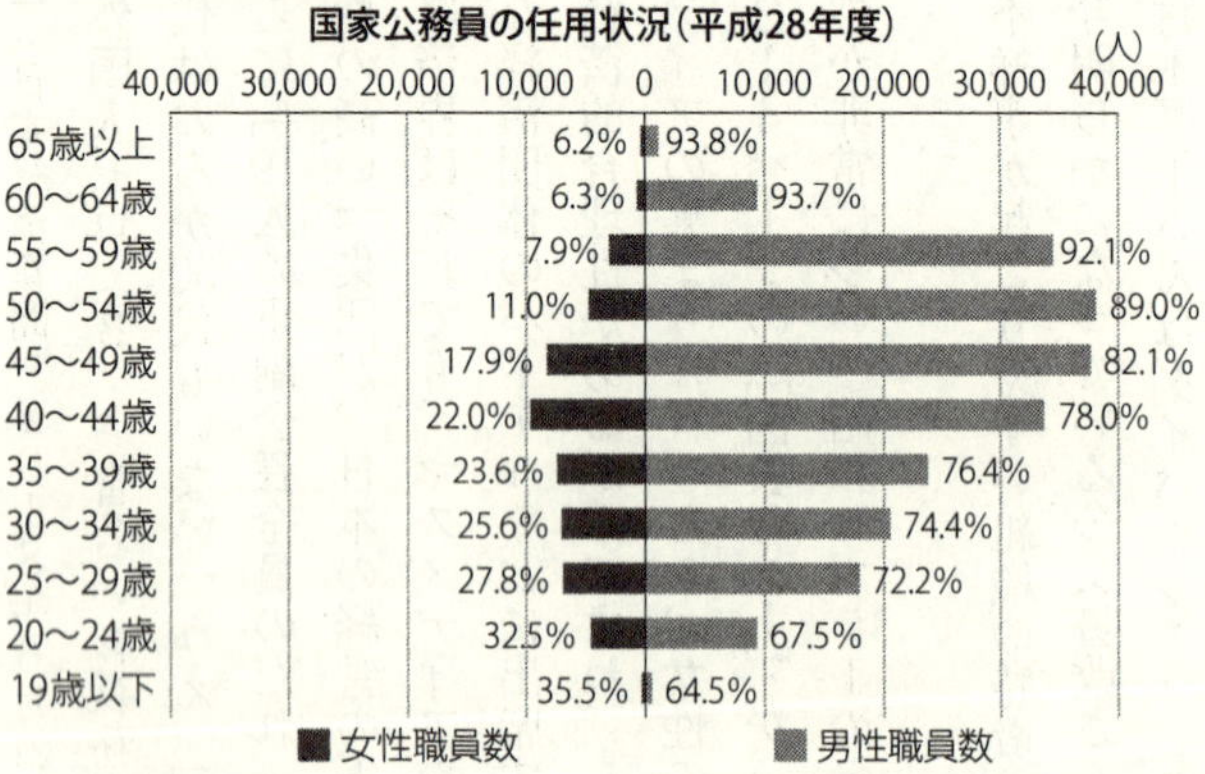

出典：総務省統計局の「平成28年度における一般職の国家公務員の任用状況調査」をもとに著者作成

陥りがちな『落とし穴』をふさぐことに大いに役立ちます」（『日本型組織の病を考える』角川新書）と書いています。彼女があげる不祥事を起こしやすい組織は「権力や権限がある」「正義のため、公のために仕事をしているとのプライドがある」「機密情報や個人情報を扱うなど情報開示が少ないため、外からのチェックが入りにくい」「失敗や間違いは許されない」こと。そうした組織は狭い同質な世界しか見ていないので、世間との「本音」と「建前」のズレに気がつかないのだと彼女は指摘しています。

　セクハラにしても「建前」では「セクハラは人権侵害、してはいけないこと」です。

しかし本音は「これぐらいのこと、誰もがやっている。いちいち言われたら口もきけなくなっちゃう」と思っている。しかし、社会は動いており、#ＭｅＴｏｏの流れもあり、急速に変わっています。**「本音」と「建前」を使い分けているつもりでも、いつのまにか「本音」の「これぐらい許されるよね」が「許されないこと」になっているのです。**それに気がつかないのは自分の周囲も同じ「本音」と「建前」のベースで動いているからです。

データ改ざん、不正融資、セクハラ、パワハラ……建前はだめ、でもこの組織の中では仕方がないが本音。村木さんは**不祥事を防ぐには「建前通りに行動せざるを得ない明確なルールやシステムを作ってしまうこと」**と言っています。

不祥事が起きるのは、明快なルールやシステムが機能していないからです。

いい例が、スルガ銀行の不正融資問題です。２０１８年９月、個人向け不動産投資での不正融資をめぐり、会長、社長など３人の代表取締役を含む役員５人が退任した大事件がありました。返済能力のない債務者の預金残高を改ざんして借金を背負わせるという不正は計１５００件以上、発覚の５年前から増加したといいます。まともな銀行員なら絶対にしてはいけないとわかるような不正が、組織的かつ長期にわたって続いたのは、やはり「建前と本音」が働いているからでしょう。なお、営業の職場では日々、恫喝もあったといい、ハラスメントの事実も確認されています。

どんな職場でも、大なり小なり「建前はさておき、組織の中なら許される本音」はあると思います。しかし、財務省のセクハラ事件にしろ、スルガ銀行の不正融資事件にしろ、当事者たちは、かつては通用した組織内の「本音」がすでに社会では許されなくなっていることに気づかなかったのだなと感じます。福田元財務事務次官が事件に際してコメントした、「お店の女性と言葉遊びを楽しむようなことはある」といったセクハラを軽視した発言が思い起こされます。

同質性から起きる企業の広告炎上

［図表6-2］は、財務省セクハラ事件当時の、在京テレビ局の女性社員比率。現場の「報道」「制作」「情報制作」で「何がニュースか、何が面白いのか？」を決める最高責任者の女性は0％でした。

政治とマスメディア、二つの組織の間に、今回のセクハラ問題が起き、大きくなって

図表6－2　在京テレビ局7社の女性社員比率調査
（2017年10月～2018年４月、単位：％）

		日本テレビ	テレビ朝日	TBSテレビ	テレビ東京	フジテレビ	東京MX	NHK（全国）	平均
		組合調査						会社調査	
全社	社　員	22.0	20.8	18.5	23.5	25.1	23.5	16.8	21.5
	役　員	**0.0**	**0.0**	4.3	**0.0**	**0.0**	5.6	**0.0**	**1.4**
	局　長	5.9	**0.0**	13.3	7.7	7.1	22.2		**9.4**
報道部門	社　員	28.0	22.8	16.7	18.2	22.4	25.0		22.2
	最高責任者	**0.0**	**0.0**	**0.0**	**0.0**	**0.0**	**0.0**		**0.0**
制作部門	社　員	16.2	14.5	20.8	10.1	14.9	6.3		13.8
	最高責任者	**0.0**	**0.0**	**0.0**	**0.0**	**0.0**	**0.0**		**0.0**
情報制作部門	社　員	24.6	19.7	23.0		23.8			22.9
	最高責任者	**0.0**	**0.0**	**0.0**		**0.0**			**0.0**
会社発表女性管理職比率		14.6	9.4	10.2	／	／	／	8.0	

出典：民放労連女性協議会

いったのと、同質性のリスクを語る上でとても印象的な例でしょう。

私が政府とメディアの「同質性」に特にこだわるのには理由があります。男女平等では先進国でも高い数値を持つスウェーデンの政治家に、「どうやって、男女平等を進めたのか」と聞いたら、こんなことを言われたからです。「政策や制度は政府がつくる。でも風土や文化をつくるのはメディアです」と。

その２つの組織が同質性のリスクを持っている。これが日本がなかなか変わらない原因ではないでしょうか？　特に男女平等の問題。２０１８年の日本のジェンダー・ギャップ指数は先進国でありながら、１４

9ヵ国中110位。ずっと100位以下です。日本はインドやネパールより下で、日本より下なのはOECDでは韓国（115位）、あとはアラブ首長国連邦やトルコなどイスラム圏の国です。

図表6－3 上場企業役員に占める女性割合（OECD諸国）

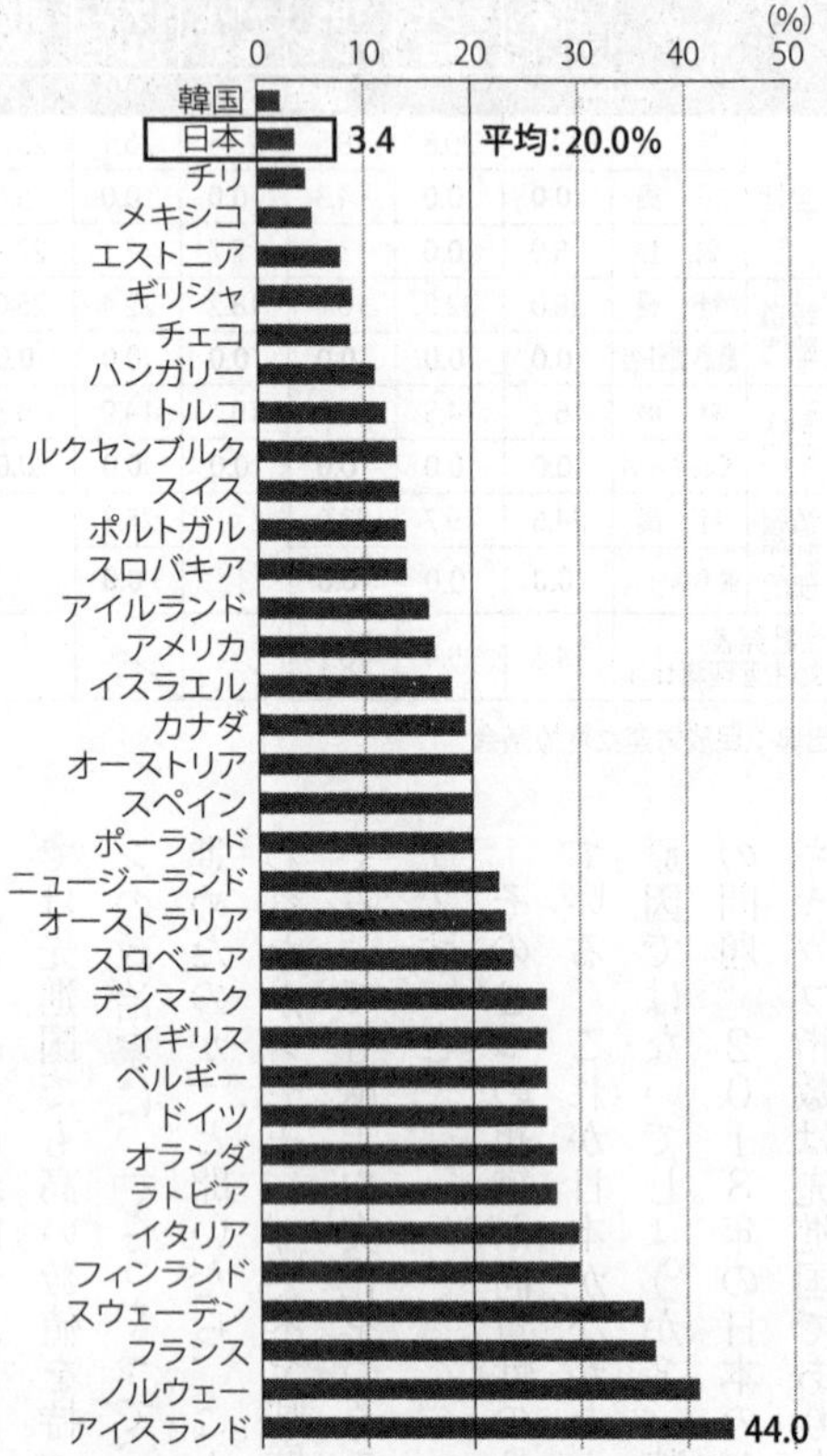

注：EU、アイスランド、ノルウェー及びトルコは、各国の優良企業銘柄50社が対象。他の国はMSCIACWI, World, EAFE, Emerging Markets index 構成銘柄及び大型、中型銘柄の企業が対象

出典：OECD “Social and Welfare Statistics” より作成。2016年の値

同質性のリスク、広告炎上にもつながる

同質性の高い組織で起こりがちなリスクは、ハラスメントだけではありません。例えば、企業発信のリスクである広告炎上もその一つです。日本での＃ＭｅＴｏｏムーブメントの夜明けである２０１７年は、ＳＮＳ上でジェンダーやその他の「差別」にまつわる炎上が多く見られた年でした。

広告炎上事件と言えば、２０１９年の元日の新聞広告、西武・そごうの「パイ投げ」広告が記憶に新しいです。女性にパイを投げつけるビジュアルとともに女性の生きづらさを描き、賛否両論を巻き起こしました。最後に「わたしは、私。」というコピーが出てきます。一見「男とか女とか関係なく、『わたし』らしくでいいじゃないですか？」というメッセージはかっこいい。しかし、現状に対して変えようとはしていない。東京医科大学が入試で「３浪以下の男性に10点以上加点していた」という事件が２０１８年に発覚したばかりです。男性が10点下駄を履いている現状で「わたしは、私。」でいいと言い切ってしまうのは、10年早いのではないかと思います。西武の広告といえば、か

つては時代の最先端でした。ただジェンダーへの感覚が古いまま、つくってしまったメッセージではないかと思います。

女性をターゲットとし、長年商品を販売している企業でさえ、女性からの批判を浴びてしまうジェンダー炎上が多数起きています。

わかりやすい例として、2つのおむつの広告を挙げましょう。まず1つ目は、2017年に公開されたユニ・チャームのおむつ「ムーニー」のウェブ動画CMです。「ムーニーから、はじめて子育てするママへ贈る歌」と題した動画で、初めての子育てに孤軍奮闘する一人の母親の姿が描かれています。父親が登場するのは、わずか2シーンで、時間にすれば約4秒。海外の友人は「母子家庭」だと思っていました。

食事は立ったまますませ、お風呂からは髪を乾かす間もなく出てこなければいけない。まさに新語・流行語大賞にもノミネートされた〝ワンオペ育児〟そのものが描かれ、今まで描かれてきた幸せいっぱいの子育てから一歩進んだ「ママのリアル」を描いたチャレンジングな広告だったのです。

しかし最後に出てくる「その時間が、いつか宝物になる。」というフレーズが、この動画を炎上させます。ワンオペ育児という現実を受け入れ、「肯定」するキャッチコピ

図表６－４　近年の広告やTV番組等の炎上事例

2015年		
サイボウズ「ワークスタイルムービー パパにしかできないこと」	育児に疲れたママを抱っこしてあげられるのはパパだけ、という趣旨に批判が殺到	ウェブ動画
ルミネ「働く女性たちを応援するスペシャルムービー」	女性が職場で「需要が違う」と容姿をやゆされ、「変わらなきゃ」と決心する内容が炎上	ウェブ動画
2016年		
資生堂「インテグレート」	25歳になった女性が「今日からあんたは女の子じゃないよ」と言われて「いい女になろう」と決心する内容が炎上	テレビＣＭ
2017年		
JX エネルギー「ENEOS でんき」	「安い電気に替えるか、稼ぎのいい夫に代えるか」という主婦の台詞が批判される	テレビＣＭ
ユニ・チャーム「ソフィソフトタンポン」	「彼女の生理中に困ったことがある？」という男性へのアンケートを紹介し、「タンポンなら大丈夫」と結論づける内容が炎上	ウェブ動画
ユニ・チャーム「ムーニー」	「ワンオペ育児」のリアルを描き、論争に発展	ウェブ動画
宮城県「涼・宮城の夏」 観光 PR 動画	壇蜜さん主演 「肉汁とろっとろ」「ほしがり」などのセリフや性的な隠喩表現	ウェブ動画
サントリー「頂」	女性を性的な存在として扱う	ウェブ動画
牛乳石鹸	「お父さんを応援する CM」のはずが炎上	ウェブ動画
フジテレビ「とんねるずのみなさんのおかげでした」30周年記念特番	前身の「とんねるずのみなさんのおかげです。」（1988～97年放映）内の人気キャラクター、保毛尾田保毛男（ほもおだほもお）が特番で復活、翌日あった LGBT 団体の抗議に対してフジテレビ社長が公式謝罪	テレビ番組
日本テレビ「ダウンタウンのガキの使いやあらへんで！大晦日年越しスペシャル！」	米俳優エディー・マーフィ主演の映画「ビバリーヒルズ・コップ」をまね、黒塗り顔、縮れ毛で登場（ブラックフェイス）	テレビ番組
2018年		
キリンビバレッジ「午後の紅茶」	「みなさんの周りにいそうな＃午後ティー女子」として、イラストを添付。内容が女子をバカにしていると批判を受け謝罪	ツイッター広告
ワコール「男性用Ｔシャツ」	記事広告内の「東北美人に後ろから抱かれているような感じ」という表現が、女性をモノ扱いした差別だと炎上	記事広告
2019年		
西武・そごう「わたしは、私。」	女性にパイを投げつけるビジュアルとともに女性の生きづらさを描き炎上	新聞広告

出典：『毎日新聞』「炎上『ワンオペ育児』　リアルな CM、賛否両論　勇気づけられた／古傷えぐられた」（2017年５月25日）を参考に著者が加筆修正

ーをつけてしまったせいで、ネット上には「自分がワンオペで大変だったときのことを思い出して吐き気がした」「過去の記憶がフラッシュバックしてつらい」といった否定的な言葉が次々と投稿されることになってしまったのです。私がこのＣＭをつくる立場なら「このママたちのために何ができるのだろう」といった、現状を変えていく言葉を投げかけたと思います。

ムーニーの例と比較したいのが、２０１６年に公開されたＰ＆Ｇジャパンのおむつ「パンパース」のウェブ動画ＣＭです。タイトルは、「キミにいちばん」。最初のシーンには、先の「ムーニー」と同じく赤ちゃんを抱っこしてあやすママ（白人女性）が登場します。違うのは、この先。黒人のパパ、アジア系のおじさん、アフリカ系のおばあちゃん、途上国の医師……と、性別、人種、国・地域を問わず、多くの人々が身近な赤ちゃんを思う姿が描かれていくのです。赤の他人もいます。ベビーカーを運んでくれる出勤途中の男性、赤ちゃんの眠りを邪魔しないよう工事の手を止める工事現場のおじさん、さまざまな人が出てきます。私が一番好きなのは「警備員のおじさん」が赤ちゃんにだけわかるようにおどけた顔をして見せて、お母さんが振り向くと素知らぬ厳しい顔に戻っているシーンです。最後には初めと同じママと眠りについた赤ちゃんとともに映し出されるのは、「there is nothing we wouldn't do.（いつだって、いちばんのことをしてあげる）」という言葉。「赤ちゃんのために、みんなが一番のことをしてあげたいと思っている」という、非常に多様性に満ちた優しいメッセージが込められているのです。これは大きな共感を呼び、北米では公開後８ヵ月で１７００万回以上再生されたそう。日本でも賞賛の声がネットにあふれていました。

この２社の明暗を分けたのは他でもない、スポンサーである企業内の中の意思決定層、そしてクリエイティブサイドの人たちの多様性の有無だと私は考えます。

前者のユニ・チャームは、素晴らしい製品を生み出してきた実績のある日本のメーカー。しかし、２０１７年の人事データを見ると、国内の管理職の女性比率は11・７％にとどまっています。一方のＰ＆Ｇジャパンは、グローバルなメーカーであり、女性活躍に積極的なことでも知られる企業。２０１３年の時点で、役員の女性比率は57・１％、管理職の女性比率は34％。また、社長のスタニスラブ・ベセラ氏は多様性の重要性について熟知しており、取材時には「おむつであろうが、生理用品であろうが、カミソリであろうが、必ず多様性のあるチームでつくるのが重要だ」と話しています。

私も広告が出る前に「外部の専門家としてチェックしてほしい」と頼まれることが

時々あります。

では、なぜ「女性がいるチーム」ではなく、「多様性のあるチーム」である必要性があるのか？　そのヒントとなるのが、サントリーのビール「頂」のウェブ動画ＣＭが炎上した事例です。２０１７年、出張先で出会った若い女性と「頂」を飲み交わすシーンを描いた「絶頂うまい出張」と題した動画が、ネット上で公開されました。女性だけをワンカメラで追ったいわゆるデート動画で、「肉汁いっぱい出ました」「コックゥ〜ん！しちゃった」といったセリフも相まって、「女性を過度に性的なモノとして扱っている」と炎上。批判を受け、すぐに動画は削除されました。

よくウェブ動画が炎上すると、「炎上狙いだったのでは？」という声が上がります。しかし、同動画に関してはサントリーの新浪剛史社長自身が「炎上はまったく意図していなかった」と後のインタビューで話しています。広告は膨大な予算を使ってする企業発信です。企業の価値を落としては話題になっても損失です。

「出張先でかわいい女の子と知り合ってお酒を飲み、もしかしたらこの先、いい展開になるかも……」といったシチュエーションは、出張における男性の夢なのかもしれません。「頂」のＣＭの制作には、実は女性も関わっていたといいます。それでも、女性の尊厳よりも男性の夢が優先されるような動画がつくられてしまったのはなぜでしょう。本心では反対でも、ポンと女性が一人だけいて、他の人が「いいじゃない、これ」というノリになっていたら、反対できるでしょうか？　年功序列の中での若い男性スタッフも、同じように一人で反対意見を言えない雰囲気があるのでは？　**組織の中では、女性が少数派であればあるほど、その目線は男性社会に適したものにカスタマイズされていきます。**また体育会系の組織の中で出世する女性は「名誉男性化」していて、実は炎上した広告のチーフが女性だったりすることもあります。**女性といっても、いろいろな意見が必要です。だからこそ、複数いることが大切なのです。**

「女性が一人いる」だけでは、広告炎上は防げません。多数の目で見ることが大事です。

先のP&Gジャパンは、1990年代から25年以上にわたって「ダイバーシティ&インクルージョン（多様性の受容と活用）」を推進してきました。P&Gが管理職向けに独自開発した「P&Gジャパン　ダイバーシティ&インクルージョン研修プログラム」を日本の約300組織に無償提供。日本社会の多様性推進にも貢献しています。

P&Gでは、世界最大の広告主としての意識を持った発信をしています。その一つには「ジェンダー平等」がありますが、P&Gの発信するCMには、それがしっかりと描かれています。

男女の性別役割分業にかかわる企業の発信は、勇気のいることだと思います。踏み込むことによって、賛否両論も起きるでしょう。しかし、P＆Gの例からもわかるとおり、グローバルで評価されているのは、より多くの人にとって生きやすい社会をつくりたいというメッセージを発信する企業。2018年末に行われたメディアや広告を考えるイベント「ジェンダーとコミュニケーション会議　ジェンダーイコールを『伝える』『創る』『変える』」では、ジェンダー平等について発信することで、企業価値の向上、そして商品自体の売り上げにも効果もあるとP＆Gは明言しています。

リスクニュース、トレンドを捉えられない

同質性には他にもリスクがあります。ニュースを捉えられないことです。前著『御社の働き方改革、ここが間違ってます！』（PHP新書）でマスコミ業界（新聞、テレビ）の女性に覆面座談会をしてもらいました。そのときには耳を疑うようなセリフをたくさん聞きました。「記者なんだから、イヌみたいに二人も三人も産まれたら困るよな」「親

の死に目に会えないよ」「休みは悪だよ」「24時間働けない人は『B級労働者』扱い」「子宮を取れ」……。彼女たちがかけられてきたセリフからは、その現場に長時間労働やセクハラ、マタハラが横行していることがうかがえます。日本では、こうした現場でさまざまな報道、バラエティ、ドラマが制作されているのです。

そのような現場で報道はどう影響されるのでしょう?

例えば保育園問題。メディアの女性たちは、ずっと「保育園が足りないのはニュースになりうる社会課題だ」と言い続けてきたそうです。しかし、彼女たちがいくら訴えても、上司に「保育園に子どもを預ける母親は特別な人たち」と言われてしまい、大きく取り上げられることはなかった。保育園で子どもが亡くなるなど、痛ましい事故を報道するときも「母親はなぜ働かなければいけなかったのか?　その理由を書け」と言われたそうです。これだけ共働き世帯が増えた時代でも、女性が働くことに対する上司たちの意識がアップデートされていなかった。結局、日本のメディアが保育園問題にニュースの価値を見出したのは、「保育園落ちた日本死ね!!!」と題するブログへの投稿が話題になった2016年のことでした。もし現場の意思決定層に多様性があり、保育園不足を訴えるワーママ社員の声がもっと早く拾い上げられていれば、保育園問題はもう

5年ぐらい早くニュースになり、政府の対処ももっと進んでいたのではないかと思います。なぜなら、世論とは「マスコミに取り上げられること、新聞やテレビに出ること」と政治家は認識しているからです。

同質性の中ばかりでコンテンツをつくっていると、ニュースをニュースとする「感度」が鈍ります。その結果、ニュースのトレンドから後れを取るのです。そして社会課題の解決にも後れを取ります。

また、「何を面白いものとしてバラエティ番組で取り上げるか」といった決定にも、多様性がないことになります。

女性だけのテレビ番組制作会社をつくったたむらようこさんは「外の会議に行ったときに『面白い』『面白くない』と判断される基準は男性の目線」と考え、あえて業界内の多様性を担保するために自分たちは100%女性の集団としたそうです。

2017年10月、フジテレビの「とんねるずのみなさんのおかげでした」30周年記念番組で、前身の「とんねるずのみなさんのおかげです。」(1988~97年放映)内の人気キャラクター、保毛尾田保毛男《ほもおだほもお》が復活したことで、翌日あったLGBT団体の抗議に対してフジテレビ社長が公式謝罪する、という炎上案件がありました。若い人たちは「さすがに今の時代、このキャラクターは出していいのか？」と思ったそうですが、上層部の声には逆らえなかったと後で聞きました。女性だけでなく、若手の声も届かないのです（「『保毛尾田保毛男』批判に、フジ・宮内社長が謝罪」『HUFFPOST』2017年9月29日）。

テレビなどのマスメディア、広告などは意識に与える影響が非常に大きい。英国では2017年に英広告基準協議会が、性別にもとづくステレオタイプを助長する広告を禁止としました。望まなくても目に入る「広告は見えない教育」であるとし、次世代への影響を考えたものです。具体的には、若い女性が不健康なほどやせていることを美化したり、「女性の役割は家の掃除」「女の子とはこういうもので男の子とはこういうもの」「男性に家事や育児は無理」といった性別にもとづいて役割を固定したりする広告です（「性差別CMは禁止　英広告業界団体」『BBCニュース』2017年7月19日）。

日本ではどうでしょう？　都内の高校生5人が調査した結果がニュースになっています。お茶の水女子大附属高校（東京都文京区）の2年生5人が昨年放映された洗剤のC

M24本を調査したそうです。「洗濯しているのは女性十七人、男性四人で、設定が家族のCM十本ではすべて母親役が洗濯していた。柳沢なつみさん(17)は『家事は女性、との風潮をつくっている』と指摘する」(「その表現、性別縛ってる　高校生がメディア調査」『東京新聞』2019年3月8日)

先の「風土はメディアがつくる」という言葉は、こうした数字を見るとよくわかります。サザエさん、クレヨンしんちゃんも、ポケモンも、アニメに出てくるママは「専業主婦」です。働きに行く背中を見せるお母さんはいません。これを見て育つ次世代はどんな社会をつくるのでしょうか?

炎上を防ぎたいなら、以下のことをチェックしてみるといいと思います。

①男性と女性を交換してみたら、おかしなことにならないか?
②現状追認のまま、応援していないか?
③誰かを過度に「性的な存在」としてモノ化していないか?

④性別役割分業を助長していないか？
⑤ステレオタイプの表現（女性は若いほうがいいなど）で、差別を助長していないか？
⑥日本の当たり前は世界の当たり前か？

①はある編集長が記事をチェックする手法です。

しかし、「何がNGで、何がOK？」と考えると、表現は窮屈なものになってしまいます。それならばいっそ、勇気を持って「何かを変える」方向に発信したほうがいい。

「カンヌライオンズ」という広告業界の栄誉ある賞がありますが、2015年から「グラスライオン」という「よりよい社会のために、実際に社会の何かを変えたものを評価」（新設時の審査員長シンディ・ギャロップ氏）する賞ができました。審査員を務めるなど毎年カンヌに行っているクリエイティブディレクター原野守弘さん（株式会社もり代表）によると「みんな、それが一番取りたい賞、かっこいい賞になっているんです」とのこと（「『この国は、女性にとって発展途上国だ。』広告・メディアに必要な人権意識とは？原野守弘さんに、白河桃子さんが聞いた。」『HUFFPOST』2019年3月8日）。

例えばグラスライオンを獲った世界的投資運用会社ステート・ストリート・グローバ

ル・アドバイザーズの試みは、ウォール街の雄牛の像（証券街の象徴）の前に立ちはだかる少女の像（恐れを知らぬ少女像）を設置したこと。それが男性中心の証券業界に「女性の取締役を増やそう」というキャンペーンと連動。グローバルでは「2018年9月末時点で、新たに300社以上が取締役に女性を登用し、28社がそのようにすると約束しています」ということです。また、女性取締役が一人もいない企業の取締役選任議案に反対票を投じる「取締役会ダイバーシティ指針」を公表しています。日本の企業でも「TOPIX500構成企業のうち、現時点で対象となる日本企業は281社です。そのうち40社、14%が議決権行使の季節までに取締役会で女性取締役が就任しました。また、11社が女性を取締役に加えると約束をしています」ということです。（「少女像をウォール街に設置したある企業の真意」『東洋経済オンライン』2019年2月25日）

ダイバーシティジェンダー平等は絵空事ではなく、真剣に取り組むと「投資」がくる時代なのです。

多様な組織は働き方改革から

こうした多様性がない現状を招いているのは、働き方による「足切り」です。新聞、テレビ広告などのマスメディアにおいて、特に制作現場はいまだ24時間労働が基本。霞が関も、働き方改革が叫ばれてはいますが、なかなか状況は改善しません。

炎上は以下のような理由で、働き方と関連しています。

- つくり手の働き方が長時間労働できる男性中心なので意思決定層の多様性がない。「ダイバーシティ&インクルージョン」が発動しない
- 長時間労働により、自己研鑽や世間を見る時間がない。そのため、つくり手が受け手の意識の変化や場の変化に追いついていない

私は東京大学の林香里教授、小島慶子さん、治部れんげさんたちと「MeDi メディア表現とダイバーシティを抜本的に検討する会」というシンポジウムを年2回ほどやっています。

２０１８年5月の第3回は「炎上の影に『働き方』あり！　メディアの働き方改革と表現を考える」というタイトルで私が構成しました。新聞とテレビ、ウェブメディア、

スポンサーサイドの方も呼んでトーク。「炎上↓謝罪↓終わり」の繰り返しではなく、「対話」をするための会です。

元全国紙記者だったBuzzFeedJapanの古田大輔編集長が「そんな長時間労働でどうやってクリエイティビティが保てるの？」とニューヨークであきられた話。記者の女性たちの過酷な働き方とパワハラ……私がお話ししたのは「表現と働き方」がつながっているという話です。

24時間滅私奉公の働き方ができない人たちは、評価が低くなり、出世からも遅れる。メディアに若い女性はいますが、多くは出産と同時に「働き方による〝足切り〟」にあいます。そのため、現場責任者はもちろん局長、役員といった意思決定層にまで昇進する女性は圧倒的に少なくなります。また、「テレビの業界ではアシスタントは女性という不文律がある」と指摘する女性もいます。男性は最初からディレクターで、女性はずっとアシスタントディレクター。総合職と一般職のような扱いです。

さまざまなテレビ局に「同質性のリスクと働き方」について講演に行きます。ある局では100名以上もの現場の女性が集まり、「こんなに女性がいたんだ！」と驚きました。ロールモデルとして3名の女性が登壇し、自分の両立の苦労を語るうちに涙目に。聞いている女性たちももらい泣きという風景がありました。同じ光景を「霞が関の働き方改革」の会でも見ています。長時間労働が前提のマッチョな職場でよく見る光景です。

この涙は「仕事場にも迷惑をかけている」「子育てにも時間をかけてあげられない」というギリギリの毎日の罪悪感の涙です。これは本当に女性が悪いのでしょうか？「もう罪悪感はいらない」と多くの人に言いたいのです。

御社の女性活躍推進、間違ってます！

「両立支援制度をこんなにしてあげてるのに、女性に役員にならないかと打診しても、断られてしまう……」

近年、企業の上層部の男性たちからよく言われる言葉です。「制度に甘える人が多い」「女性は意識が低い」という話もよく聞きます。

しかし最近の調査では違う結果が出ています。

女性の働き方について調査したデータによれば、「できるだけ長く仕事を続けたいと

図表6－5「できるだけ長く仕事を続けたい」と思うのは男性より女性が多い

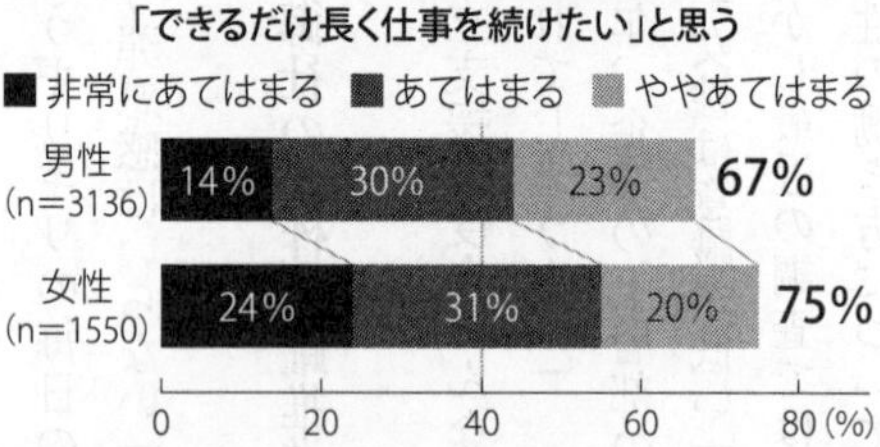

出典：トーマツ イノベーション（現・ラーニングエージェンシー）×中原淳 女性活躍推進研究プロジェクト（2017）「女性の働くを科学する：本調査」

図表6－6 NG行動は長時間労働の評価

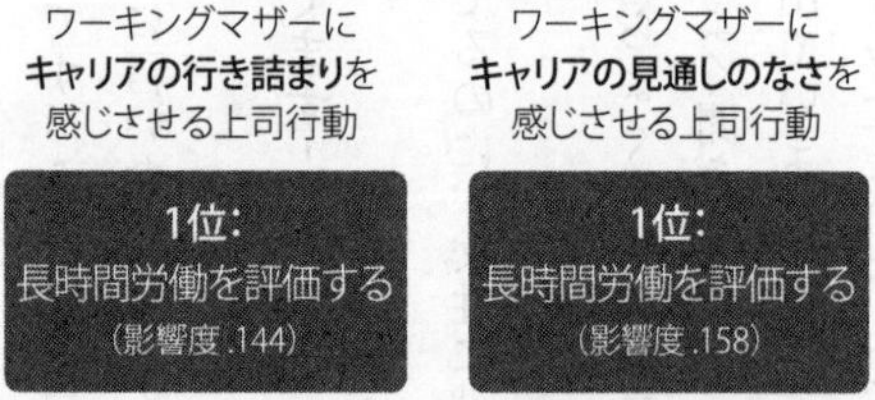

階層的重回帰分析による

出典：トーマツ イノベーション（現・ラーニングエージェンシー）×中原淳 女性活躍推進研究プロジェクト（2017）「女性の働くを科学する：本調査」

※トーマツ イノベーション株式会社は株式会社ラーニングエージェンシーに社名を変更しました

思う」と考えている女性は75％で、男性の67％より多い。つまり、女性は男性より労働意欲が高いのです（［図表6－5］参照）。

しかし長く働きたい女性たちを阻害する要因はなんでしょう？

図表6－7　女性が求める職場の特徴

	特　徴	影響度（標準回帰係数）
1位	女性に対しても平等に機会を与えられる	0.164
2位	責任をもって仕事に取組み、互いに助け合う	0.132
3位	残業を見直す雰囲気がある	0.081

出典：トーマツ イノベーション（現・ラーニングエージェンシー）×中原淳 女性活躍推進研究プロジェクト（2017）「女性の働くを科学する：本調査」

それは「長時間労働を評価する」という上司の行動です。長時間労働が多い営業女性も「10年で10分の１」に減ってしまうという調査がありますが、ヒアリングしたところ「今の仕事が好きで続けたい」と言う。「長く働き、管理職になりたいか？」と聞いたところ、「実際には無理。長時間労働だから」という答えが返ってきました。

つまり、長時間労働が評価される職場が「管理職になれない」要因であり、決して「意識」ではなく「環境の問題」なのです。

次に、女性がどんな職場を理想としているのかを見てみましょう。同調査によれば、１位が「女性に対しても平等に機会を与えられる職場」、２位が「責任をもって仕事に取組み、互いに助け合う職場」、３位が「残業を見直す雰囲気がある職場」だそうです。

これらからわかるのは、女性たちは決して自分たちが優遇され、甘い仕事を望んでいるのではなく、男性と同等にチャレンジし、働ける構造を持った職場を求めているということです。

カルビーの元会長松本晃氏は、ダイバーシティ経営の第一人者として知られています。あるイベントで「女性活躍推進法を先に進めたのは良くなかった。働き方を変えなきゃ女性活躍なんて無理なんだから、あれは働き方改革と同時進行でやるべきだった」と話しています。よくぞ言ってくださったと思いました。

女性活躍の「一丁目一番地」は働き方改革です。働き方が変わらない限り、暮らし方は変わらないからです。働き方改革は暮らし方改革でもあるのです。

ではなぜ、両立支援だけではいけないのか。日本の女性は、正社員の場合、第一子出産後、7割の人が仕事を継続します。出産前後には1年ほどの産休・育休を取り、その後は時短勤務になるのが、よくあるパターンでしょう。日本企業の多くは、その穴を組織として埋めることはしません。チーム内、部署内のメンバーに「みんなで頑張って穴を埋めましょう！」と、イレギュラーな配慮を続けさせることで何とかしようとするのです。両立支援は、ワーキングマザー側はケアしても、それ以外の社員はケアしないのです。

しかし、ある経営者は「時短勤務や産休・育休中の人が15%を超えたとたん、それが経営課題になってしまう」と言っていました。つまり「配慮」の限界は15%なのです。組織のリソース不足だけでなく、フォローに回るスタッフのモチベーションも低くなりチームの関係はギクシャクします。不満がたまり生産性が低下する。ワーキングマザーも罪悪感を抱えがちになります。

子育てに従事する女性にだけ、「特別なゆるい脇道」を用意することで、「今はこの道でゆっくり進んで」としていた。一方、本道のほうはすごいスピードで走っている。いきなり「活躍」「管理職」と言われても、本道が100キロ以上のスピードなら、ゆるい脇道から突然流入するのは至難の業。しかもその本道は今までは「制限速度のない高速道路」でした。日本の働く時間は無制限。青天井だったからです。それは時間外労働の上限規制が「大臣告示」というゆるい縛りであり、労使で結べば青天井に残業が可能でした。しかしやっと「高速道路」に制限速度ができた。これが2019年4月から施行される「残業上限」です。「大臣告示」から「罰則付きの上限」として法律に格上げになりました。それに伴い「働き方改革」が進んでいるのです。

年間一番多くても720時間……多すぎるという声もありますが、今までの制限速度

**図表6－8　女性活躍から働き方改革へ
両立支援から働き方改革への流れ**

フェーズ1：第一次均等法（女性のみ）	□男女平等に活躍できる（滅私奉公なマッチョ男性に合わせる）
フェーズ2：両立支援（女性のみ）	□女性に優しい企業　□女性の育休取得100%　□時短制度など制度充実
フェーズ3：働き方改革（男女）	□全体の脱長時間労働・上限規制　□柔軟な働き方（在宅、フレックス、子連れ）　□時間の長さから時間あたり成果へ（評価）　□育休復帰、時短復帰を早期に　□選べる働き方　□男性の両立支援

出典：著者作成

なしから一歩は進んだわけです。
「女性×働く」は次のように進んできました。

フェーズ1：男女雇用機会均等法で男女が平等に働けるようになった。しかし「24時間戦えますか？」の長時間労働の時代であり、「男性と同じように仕事にフルコミットする」なら女性も働いていいよという段階。

フェーズ2：女性がライフイベントで次々と会社を辞めていくので、企業は「女性に優しい企業」になった。「育休」「時短」が取りやすくなり、女性への「両立支援」が充実した。また法定以上に長く「育休」「時短」をとらせることで「女性への優しさ」を競う企業が増えた。

フェーズ3：子育て女性だけを優遇しても、女性は活躍できない。逆に充実した「両立支援」は家の中での性別役割分業を助長し、キャリアをあきらめさせるマミートラックになる。初めて、女性だけでなく「男女ともに」働き方を変えようという「働き方改革」が推進される段階となった。決め手は全体の脱長時間労働と働き方の柔軟化である。

さて、皆さんの会社はどこのフェーズでしょう？　「女性が管理職になってくれない」企業は「子育て女性にだけ両立支援を厚くする」フェーズ2の段階。この段階で止まったまま「女性は意識が低い。活躍してくれない」と嘆く企業が多いと思います。医師の働き方改革のシンポジウムでこの図を示し、「どこの段階ですか？」と聞いたら、先生たちは苦笑して「1から2に進もうとしている」と言いました。

しかし2を長くやることには意味がない。本当は1から働き方改革の段階に飛んで、全体の働き方を見直すほうが早いのです。

女性の活躍は女性の問題でなく、全体の働き方の問題、むしろ男性の働き方の問題です。**何よりもの活躍支援は「男性育休が当たり前になる」こと。**育児中の男性や介護のある男性も「時短や残業免除を申請できる」ことです。

同じ企業にパートナーがいる人だけでなく、これは女性の活躍全体に意味があります。2018年にアクセンチュアが世界34ヵ国で行った『男女ともに活躍する企業への変革』に関する調査」において、「男女キャリア平等を育む40要素」の中に「ハラスメントが容認されていないこと」「自社の男性が育休を取ること」が入っていました。

私もこれは目から鱗《うろこ》でした。なぜならライバルは自社の男性だからです。男性も「育児で働き方を変えるのだ」という認識が当たり前になれば、「女性だから」というバイアスがなくなります。

三重県庁では子どもが生まれたら「育児参画計画書」を提出します。三重県庁の男性職員の育休取得率は今40%だそうです。男性も育児で「働き方を変える」という見える化ができていますね。

今後は「新規人材獲得」の上で「男性育休取得率」は「ライフ」も大事にしたミレニアル以降世代向けには大きな武器となるでしょう。現に各業界では今取得率の競争が起きています。

女性を活躍させたかったら、まずは働き方改革と自社の男性に「育休をとれ」ということ。また他社の夫でも「育休復帰セミナー」に呼んで説得すること。

実際に働き方改革が進み「テレワーク」や「フレックス」が完備した企業が出てくると「君の会社、制度があるから一人で育児大丈夫だよね」というパパが出てきます。「それはうちの会社のリソースのタダ乗りです」と担当者は怒っていました。しかし泣き寝入りはしません。この会社では他社のパートナーも呼んで「両立セミナー」をするそうです。

「どうせ男性育休って5日間ぐらいでしょう？　何ができるの？」という話もあります。しかしそれはとる時期や意識の工夫があれば変わります。実は男性育休は「一人で子育てする期間ではない」のです。「これから続く長い子育てをカップルで準備するスタートアップ休暇」なのです。里帰りも終わり、誰の支援もなく、家族で家にいる時期にとることが有効です。

女性が意思決定層に行けるほど活躍するのは良いことだというのは、組織のためでもありますが、個人の家計にも少子化にも貢献します。

244ページの［図表6-9］を見てください。男性の家事時間が長いほど世帯年収が増える。女性の家事時間が長いほど世帯年収は下がるのです。

2014年のOECDのデータを分析すると、男性の家事育児の時間が少なくなれば

図表6-9　男女別の家事時間と世帯年収

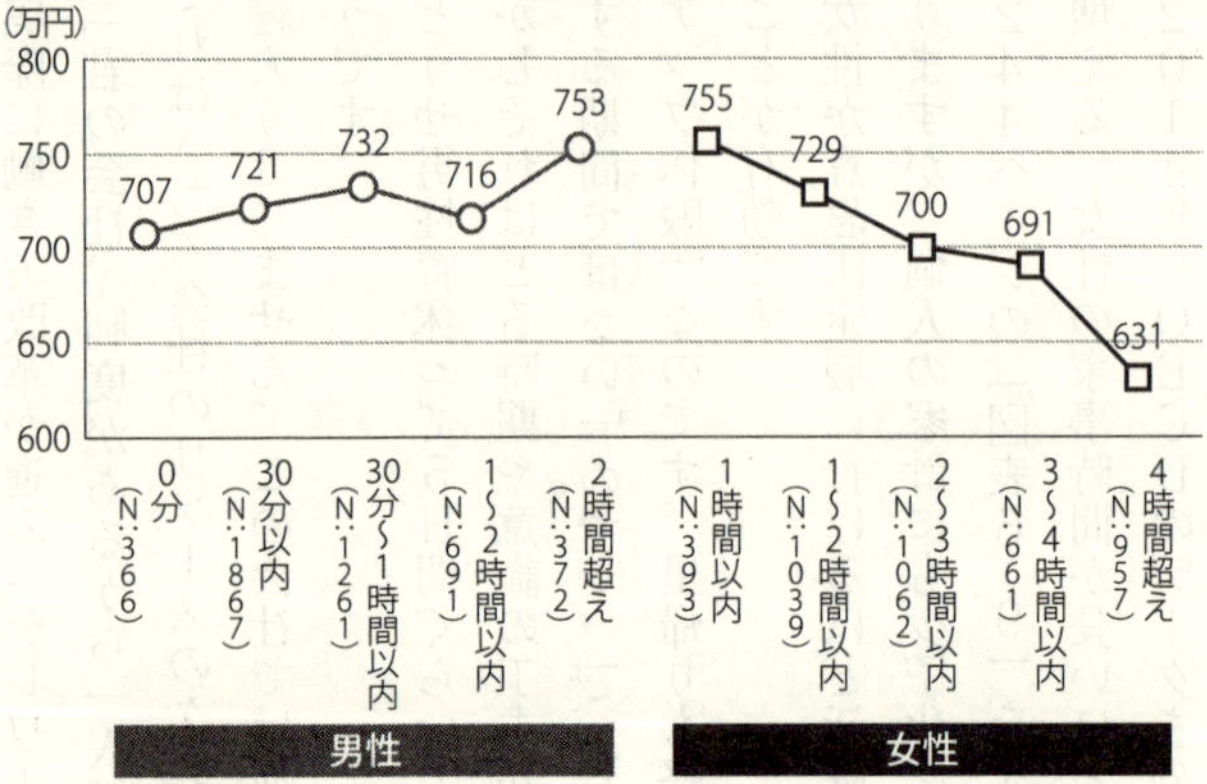

出典：全国就業実態パネル調査2018、図はリクルートワークス研究所作成

なるほど女性の睡眠時間も少なくなるという傾向が見られるそうです。当時の加盟26ヵ国のうち、日本と韓国の女性は圧倒的に寝ていませんでした。

また、有償労働と無償労働（家事育児介護などのケアの時間）を合わせた時間を比較すると、日本の女性はOECD加盟国の中で一番長く働いています。同時に、日本の男性は有償労働の時間が長い。長時間労働の割に経済的な成果が上がらないのは、生産性の低さの表れとも言えます。こうしたデータからも、日本の働き方、暮らし方は男女どちらにとっても苦しく、にもかかわらず「おかしい」と言えない空気があったということがわかります。

大和証券では２００７年に「19時前退社の励行」という革新的な働き方改革を行い、２００９年には女性役員を４人誕生させています。結果、実績のある女性社員の結婚・出産による離職防止と、無駄な長時間労働の是正。離職率の改善、企業イメージの大幅な向上にもつながっています。そして社内の出生率も上がります。また、スキルアップに励む社員も増え、ＣＦＰ（最上位のファイナンシャルプランナー資格）を持つ人が業界では一番多い。２０１９年４月現在、男性中心の金融業界でありながら、大和証券グループ全体で取締役・執行役副社長を含む９人の女性役員を登用、国内の女性支店長は21名で20％を占めるといいます。

味の素では、２０１７年４月から「午前8時15分始業、午後４時30分終業」、かつ「1日の労働時間を7時間15分」とする働き方改革を行いました。16時半には、全員が帰宅する雰囲気がつくられる。保育園へお迎えに行く人が後ろめたくないよう、「特定の人だけが早く帰る」ことを防いだといいます。同時に軽量のモバイルＰＣの配布とセキュリティ整備により、「どこでもオフィス」（テレワーク）を実現。コアなしのスーパーフレックスタイムで、時間有休もある。その結果、男女ともにかなり自由に働けることになり、女性は時短勤務からフルタイムに戻す人が増えました。ある女性は「第一子と第二子の出産後では違う会社のようだ。今は仕事にもプライベートにも限界を感じなくなりました」と語っています。夫婦ともにテレワークを駆使して、夫の家事、育児への参加が格段に増えたという話もありました（「16時半退社が定時　味の素は誰もが働きやすい会社に」『NIKKEI STYLE』２０１９年2月27日）。

アメリカでは今、転勤に関しても配偶者のキャリアに配慮しないと、そのとたんに人材に逃げられてしまうのだそうです。今までは、男性が転勤するなら奥さんがついていく、または男性は単身赴任というのが当たり前でしたが、共働きの多い昨今は、「転勤し放題」では人材を集めることができません。

学生が転勤のある企業を嫌うので、ついにＡＩＧ損害保険は２０１９年から「転居を伴う異動廃止」に踏み切りました。国内を13のエリアに分け、基本はその中での異動となるそうです。

最近では、ＮＨＫでも転勤に対してかなり配慮がなされたり、出産などで退職した人に対する再雇用制度が整ってきたりしているそうです。テレビの仕事は専門性が高いですし、今は人手不足の時代なので、戻ってきてくれる人材はありがたいでしょう。

生産性にも関わるハラスメント問題

生産性の高いチームには、「心理的安全性」がキーになります。心理的安全性とは、「psychological safety」を和訳した心理学用語で、組織内のメンバーが安心してありのままの姿でいられる状態を指します。いくら構成員が多様であっても、それぞれが忌憚なく意見を言えるような心理的安全性がなければ、イノベーションも起きず、生産性は高まりません。

グーグルが2015年に公開した社内180チームを対象に行った調査によれば、生産性の高いチームづくりで重要なのは「チームの心理的安全性」「チームの相互信頼度」「チームの構造と明確さ」「仕事の意味」「仕事のインパクト」の5つ。なかでも、「チームの心理的安全性」は圧倒的に重要であると結論づけています（「『効果的なチームとは何か』を知る」『Google re:Work』、「グーグルの職場づくり　心理的安全性がチーム力伸ばす」『NIKKEI STYLE』2018年9月27日）。

グーグルは「チームの心理的安全性」を「『無知、無能、ネガティブ、邪魔だと思われる可能性のある行動をしても、このチームなら大丈夫だ』と信じられるかどうか」と定義づけています。**本来の自分が受け入れられるという安心感は、仕事の意味やインパクトよりも重要な意味を持つばかりか、生産性の根幹に関わっているといえるのです。**

子育て中の女性であろうが、若い男性であろうが、同じ分量だけ会議で発言できる。そして、ありのままでいられる——。LGBTの人たちを見ていても、ありのままの自分が受け入れられることは生産性にとても関わるのだなと感じます。

心理的安全性を担保するという意味でも、ハラスメント対策は必要です。なぜなら、ハラスメントのある職場は、安心できない職場だからです。先述のアクセンチュアは2018年、7000人以上の日本人を含む世界34ヵ国の2万2000人以上を対象として『男女ともに活躍する企業への変革』に関する調査」を実施。その結果には40要素のうち、ハラスメントに関する項目が3つもありました。「ジェンダー・ダイバーシティ(女性の活躍推進)を経営陣の優先事項に設定している」「男性の育児休暇取得を奨励している」「女性の雇用、昇進、雇用の継続を明確にコミットしている」「テレワークを一般的な働き方として広く活用している」といった項目に並んで、「ハラスメントについて、負担感なく会社に報告できる」「ハラスメントが職場で容認されていない」「ハラスメントを想起させる表現を許容しない」の3つが挙がっているのです。

安渕聖司さん（ビザ・ワールドワイド・ジャパン㈱代表取締役社長［2019年3月まで］）は「イノベーションを起こせなんて言っても、ハラスメントがある環境では無理。そんなところでイノベーションを出せというなんて、それこそハラスメントだ」と語っていました。

ハラスメントは今、経営陣にとって「リスクマネジメント」であるだけでなく「生産性」「人材獲得競争力」に関わる重要事項です。

治部れんげさんは著書（『炎上しない企業情報発信』日本経済新聞出版社）で「ジェンダーはビジネスの新教養」と書いています。「人事や広報部門に限らず、活躍したいビジネスパーソン必須の新教養」なのです。

ジェンダー問題、人権の視点も大事です。例えば、取引先に「あなたの会社の商品は児童労働をさせている工場でつくられるので、取引できません」と言われるかもしれません。

「ビジネスと人権」が語られるシンポジウムが多くなりました。英国で現代奴隷法ができ、企業はサプライチェーンの末端まで、児童労働などがないか、チェックしなければいけません。国内でも、外国人研修生を過酷に働かせているところはないかなど「アンケートをうちも出しているし、取引先からもたくさんくる」と日本のメーカーで働く友人が言っています。

外国人の雇用者が増えたら、空気を読んで有給休暇は取らないというような風土は通用しません。

セクハラ、パワハラにとどまらず、「人権」と「ビジネス」の両方を考える。「建前」はそうでも「本音」は「利益優先」、では投資も人材も来なくなります。

「勇気の連鎖」が変化を進める

まずはハラスメントという「悪しきビジネス習慣」をなくし、誰もが「おかしいと思っていても言えなかったこと」を言えるような職場にしていきたいですね。そして言いっ放しではなく、前に進むための「対話」につながること。ちゃんとしたエビデンスを持って、忖度なしに言い合える……そこからイノベーションも起こります。

今は変化のときです。

え、自分の周りは変わらない？　そんな上司や経営者のもとを離れるという選択肢もあるんです。

そして経営者は「幸福に働ける」環境を社員に提供するほうが、持続的な「成果」につながります。

まずは「当たり前」「仕方ない」を疑うことが大事です。「それは本当なのか？　エビデンスはあるのか？」「会社の常識は本当なのか？」「世界の基準と照らし合わせてどうなのか？」

一足飛びには変わらなくても、社会は少しずつですが、変わってきていると感じています。声を上げる「勇気の連鎖」が変えているのです。

多くの声が可視化されるようになり、声を上げられない人も「同じ思いの人がたくさんいる」と思えるようになった。男性も女性もそれを感じていると思います。

何か言ったらまずい！　と口をつぐむことではなく、「これってどうなの？」と口を開くことが重要です。この本を読み終わったら、ぜひ他の人と話してみてください。そこからがスタートです。

おわりに

日本の#MeTooは盛り上がらないよね? そんなことをずっと言われてきましたが、本当に変化はなかったのでしょうか? 取材の結果、大企業、グローバル企業の「ハラスメント対応」は明らかに厳しくなっていました。また変化の兆しを見せる出来事が……。

2019年1月、滋賀県大津市の滋賀県庁では三日月大造知事、副知事も同席し、県幹部職員を対象としたハラスメント研修を行いました。県は17~18年度、職員計4人を女性職員に対するセクハラ行為で懲戒処分しています。

同3月、埼玉県川越市議会では、議員によるハラスメント行為を防止するため、セクハラなどをした議員の氏名を公表することを義務付けた条例を可決、成立しました。これは前年、元市議による女性職員へのセクハラ行為が第三者委員会の調査で確認され、委員会の勧告で実施されたものです。

政府や企業の行動だけなく、個人の行動も変わりました。『週刊ＳＰＡ！』の記事に多くの大学生が抗議し、編集部と対話しました。バレンタインデーに「同性婚」を求めて、一斉に提訴が起こりました。

今まで「我慢していたこと」「おかしいと思っても言えなかったこと」を言う人が増えてきました。それは、#ＭｅＴｏｏをした人たちの「勇気の連鎖」が動かしたものです。日本では声を上げた人は責められます。それでも勇気を持って声を出した人を応援したいと始まったのが、私もかかわらせてもらっている#ＷｅＴｏｏ ＪＡＰＡＮです。

小さな力でも、声にならなくても、たくさんの人が思いを合わせることで、動かない大きな石が動き出した！　そう感じる1年でした。

私は職場のハラスメント問題に「働き方改革の一環」としてぜひ取り組んでほしいと思っています。パワハラ防止は私が委員を務めた内閣官房「働き方改革実現会議」の議案の中にも入っていた項目です。

今は仲間と一緒にハラスメントをなくすための#ＷｅＴｏｏに取り組み、経営者に「ゼロハラスメント宣言」をしてもらう「ゼロハラ」プロジェクトも始めました。

きっかけをつくってくれたのは伊藤詩織さん。伊藤さんに初めてお会いしたのはとある女性メディアの忘年会でした。私も本人にお会いするまでは「これは何か政治的な問題なのか?」と思っていたのです。しかし本人に会ってまったくそんな考えは吹き飛んでしまいました。そしてその場ではメディアの女性たちの#MeTooの連鎖が起きました。自分たちもつらい目にたくさんあっている。でも声を上げなかった。仕事だから当たり前と思っていたけれど、蓋をしていたことが今フラッシュバックしてきた。そして「自分たちが黙ってやり過ごしたせいで今伊藤さんがつらい思いをしているのではないか?」という声もありました。私も「扱いづらい文化人」と思われたくなくて、テレビなどで笑って流したことが、たくさんあります。それが今につながっているのではないか、そんな風に思いました。そして伊藤さんは著書で「これが妹の身に起きたことじゃなくてよかった」と書いていた。私はふと伊藤さんはメディア女性たちの、私の妹なのでないかと思いました。

そして伊藤さんは今ジャーナリストとして活躍しています。#MeTooをした人たちは皆「私たちは被害者と呼ばれたくない」と言っていました。彼女のつくったドキュメンタリーが賞を獲るたびに私たちは一緒に喜び、そして2019年、世界的ブランド、

カルバン クラインが国際女性デー2019のキャンペーンの一環として注目すべきアジアの女性10人をCMに起用。その一人に伊藤さんは選ばれました。その映像の中で彼女は「サイレントブレイカー」と呼ばれています。なんて力強い敬称なのだろうか。凛々しく、美しい彼女にぴったりです。被害者という言葉はふさわしくない。彼女は「静寂《しじま》を破る」勇気ある人という呼び名こそがふさわしいのです。

＃ＭｅＴｏｏは、右でも左でもなく、大事なことです。

私の元にも驚くほど有名な会社の社員から「セクハラとパワハラで体調を崩した」「頑張っていた同期がパワハラで退職した」などのメールが届きます。「職場で先輩にレイプされ、自分に落ち度があったのだと思ってずっと言えなかった」という人もいました。なぜ仕事をするだけで、こんな目にあわなければいけないのか？

私たちは今時代の転換点に立っています。人の心一つで、いくらでも良い方向に行くことができるのです。

最後に、本書の制作にあたり、多くの方にご協力いただいたことを、深く感謝いたします。特に世界中の＃ＭｅＴｏｏをした勇気ある人たち、精力的に記事を書き、声を聞かせてくれた女性メディアの皆様、働く女性たち、＃ＷｅＴｏｏやメディアで一緒に活動する方たち、応援してくれる心ある男性の方たち、声を拾ってくれた野田聖子さん、編集に関わる齊藤さん、有馬さん、皆様のおかげでこの本はできました。

白河桃子

主な参考文献

「ＯＢ訪問で自宅や個室で性行為強要、２人に１人の学生が就活セクハラ被害に。『選考有利』ちらつかせ」竹下郁子（『ビジネスインサイダージャパン』２０１９年2月15日）
「家に泊まっても性行為ＯＫじゃない？　男女の性的合意のズレを考える」週刊ＳＰＡ！編集部（『週刊ＳＰＡ！』２０１９年3月5日）
「財務省、福田氏のセクハラ認定　退職金減額」（『日本経済新聞』２０１８年4月27日）
「『＃ＭｅＴｏｏ』運動を機にセクハラ文化は終わるのか」（『ＤＩＡＭＯＮＤハーバード・ビジネス・レビュー』２０１８年6月号）
＃ＷｅＴｏｏ ＪＡＰＡＮ「ゼロハラスメント」プロジェクトホームページ
「女性7割が被害の経験――公共空間ハラスメント調査」宮本有紀（『週刊金曜日オンライン』２０１９年2月12日）
「セクシュアルハラスメントについての従業員用アンケート例」厚生労働省
『壊れる男たち――セクハラはなぜ繰り返されるのか』金子雅臣著（岩波新書、２００６年）
「男女で『セクハラ感覚』がズレまくる根本背景」横山由希路（『東洋経済オンライン』２０１８年12月21日〈中川淳一郎と治部れんげの対談〉）
「セクハラ発言した人が昇格」（『読売新聞オンライン』発言小町、２０１８年1月）
「職場のセクシュアルハラスメント対策はあなたの義務です!!」厚生労働省

「大林組社員が『就活セクハラ』で逮捕。激変する採用戦線に対応できない企業の行き着く先」秋山輝之（『ビジネスインサイダージャパン』２０１９年２月21日）
『Works』１５２号〈特集 ハラスメントを許さない〉（リクルートワークス研究所、２０１９年２月）
「ウォール街、『＃ＭｅＴｏｏ』時代の新ルール――とにかく女性を避けよ」Gillian Tan、Katia Porzecanski（『Bloomberg』２０１８年12月４日）
「ダイバーシティ＆インクルージョン研修資料」プロクター・アンド・ギャンブル・ジャパン株式会社
「『コイツには何言ってもいい系女子』戦略がハラスメントを加速させる」中野円佳（『現代ビジネス』２０１７年９月12日）
「平成28年度 職場のパワーハラスメントに関する実態調査報告書」厚生労働省、２０１７年３月
「What makes some men sexual harassers? Science tries to explain the creeps of the world.」William Wan（『ワシントンポスト』２０１７年12月22日）
「エリート官僚がセクハラを否定する思考回路」岡本純子（『東洋経済オンライン』２０１８年４月24日）
『デイリー新潮（ウェブ版）』２０１８年４月13日公開
「『森友危機』の折も折！ ろくでもない『財務事務次官』のセクハラ音源」（『週刊新潮』２０１８年４月19日号）
「次官、セクハラ全面否定『会食した覚えない』財務省調査」（『朝日新聞』２０１８年４月17日）
「麻生財務相：セクハラ問題『はめられた』再び 午前に発言、午後撤回 衆院委」（『毎日新聞』２０１８年５月12日）
「野田総務相、セクハラ疑惑『違和感ある』財務省を批判」（『朝日新聞』２０１８年４月16日）

主な参考文献

「セクハラ疑惑：財務次官辞任　テレビ朝日会見　一問一答」（『毎日新聞』２０１８年4月19日）
「セクハラ疑惑：財務省へ抗議文（テレ朝・全文）」（『毎日新聞』２０１８年4月20日）
「テレ朝が財務省に抗議『わいせつな言葉、相当数』」（『日本経済新聞』２０１８年4月19日）
「財務省、福田元事務次官のセクハラ認定『テレビ朝日の主張を覆すに足りる反証ない』」伊吹早織（『BuzzFeedNews』２０１８年4月27日）
「『私たちは声なき声の当事者だった』セクハラ問題を受け、女性記者のネットワーク設立」小林明子（『BuzzFeedNews』２０１８年5月15日）
「野田総務相『セクハラ対策、今国会中に』　女性記者らと懇談」（『日本経済新聞』２０１８年5月28日）
「政府、セクハラで緊急対策決定　幹部研修義務付け」（『日本経済新聞』電子版、２０１８年6月12日）
「女性活躍加速のための重点方針２０１８」すべての女性が輝く社会づくり本部（２０１８年6月12日）
「パワーハラスメント及びセクシュアルハラスメントの防止対策等に関する主な論点」労働政策審議会（２０１８年9月25日）
「テレ朝社員の録音・提供　専門家『報道倫理と切り分けるべき』」（『日本経済新聞』２０１８年4月19日）
「企業には、スター人材の採用も必要だが、『有害人材』を雇わない努力も不可欠である」ニコール・トーレス（『ハーバード・ビジネス・レビュー』２０１６年2月29日）
『クラッシャー上司——平気で部下を追い詰める人たち』松崎一葉著（ＰＨＰ新書、２０１７年1月）
「クラッシャー上司が企業を蝕む——パワハラ一掃で会社は変わる」松崎一葉（『WEDGE Infinity』２０１９年1月21日）
「米グーグル、セクハラで48人解雇　うち13人は幹部」尾形聡彦（『朝日新聞デジタル』２０１８年10月26日）

「#MeTooは届いたのか。2017年から声をあげた人、そして変わったこと」小林明子、伊吹早織（『BuzzFeedNews』2018年11月2日）
「『見ないふり』企業のリスクに（セクハラ・ゼロへの道）『男子文化』がそぐ活力」（『日本経済新聞』電子版、2018年6月29日）
「『セクハラ告発準備保険』契約急増の理由」大西洋平（『プレジデント』2018年9月3日号）
「6割超が我慢『仕事に影響』　働く女性1000人セクハラ緊急調査」（『日本経済新聞』2018年4月30日）
「セクハラ相談を、上司1人が判断するのは適切なのか。弁護士が提案する『組織での対応』とは？」錦光山雅子（『HUFFPOST』2018年4月20日）
「『報道機関にも記者を守る責任がある』福田財務次官のセクハラ疑惑、寺町弁護士が指摘」錦光山雅子（『HUFFPOST』2018年4月17日）
「内部通報制度を利用した労働者の苦情処理」内藤忍（独立行政法人労働政策研究・研修機構ディスカッションペーパー09－06、2009年12月）
「ハラスメント通報　アプリで手軽に」Rebecca Greenfield（『SankeiBiz』2017年8月16日、元記事は『Bloomberg』）
ソレハラ公式サイト（https://sorehara.com/）
「サイバーエージェント　社内ヘッドハンターが人事編成」〈白河桃子　すごい働き方革命〉宮本恵理子（『NIKKEI STYLE』2018年12月12日〔大久保泰行と白河桃子の対談〕）
「組織の『幸福度』を測りパフォーマンスを向上」栗原雅（『JBpressデジタルイノベーションレビュー』2018年5月30日）

主な参考文献

『さよなら！ ハラスメント』小島慶子編（晶文社、２０１９年２月）
「セクハラの実態を正しく理解する方法――越えてはいけない一線を見極めるために」キャスリーン・ケリー・リアドン（『ハーバード・ビジネス・レビュー』２０１８年８月７日）
「コンビニ店員にセクハラ、笑顔対応は『同意』じゃない　市職員が逆転敗訴」新村響子（『弁護士ドットコム』２０１９年２月14日）
「トヨタ炎上騒動で『スッキリ』出演陣の思考停止が浮き彫り」（『wezzy』２０１９年３月６日）
『ＷＯＲＫ　ＤＥＳＩＧＮ――行動経済学でジェンダー格差を克服する』イリス・ボネット著／池村千秋訳（ＮＴＴ出版、２０１８年７月）
「GENDER EQUALITY IN JAPAN, HONGKONG&SINGAPORE」（エクイリープ社、２０１９年）
「5秒以上見つめるのは禁止　ネトフリがセクハラ防止対策」下司佳代子（『朝日新聞デジタル』２０１８年６月14日）
「女性差別とセクハラ問題――財務官僚のセクハラと麻生大臣の発言から考えたこと」山口一男（『HUFFPOST』、２０１８年５月２日）
「セクハラ防ぐ法整備の課題は」内藤真己子（『しんぶん赤旗』２０１８年９月30日）
「経団連、この恐るべき同質集団」西條都夫（『日本経済新聞』２０１８年６月21日）
『日本型組織の病を考える』村木厚子著（角川新書、２０１８年８月）
「炎上『ワンオペ育児』リアルなＣＭ、賛否両論　勇気づけられた／古傷えぐられた」（『毎日新聞』２０１７年５月25日）
『御社の働き方改革、ここが間違ってます！』白河桃子著（ＰＨＰ新書、２０１７年７月）

「『保毛尾田保毛男』批判に、フジ・宮内社長が謝罪」ハフポスト日本版編集部（『HUFFPOST』2017年9月29日）
「性差別CMは禁止 英広告業界団体」（『BBCニュース』2017年7月19日）
「その表現、性別縛ってる 高校生がメディア調査」奥野斐（『東京新聞』2019年3月8日）
「『この国は、女性にとって発展途上国だ。』広告・メディアに必要な人権意識とは？ 原野守弘さんに、白河桃子さんが聞いた。」泉谷由梨子（『HUFFPOST』2019年3月8日）
「少女像をウォール街に設置したある企業の真意」治部れんげ（『東洋経済オンライン』2019年2月25日）
「女性の働くを科学する：本調査」トーマツイノベーション×中原淳 女性活躍推進研究プロジェクト（2017年）
「16時半退社が定時 味の素は誰もが働きやすい会社に」〈白河桃子 すごい働き方革命〉宮本恵理子（『NIKKEI STYLE』2019年2月27日）
「『効果的なチームとは何か』を知る」（『Google re:Work』）
「グーグルの職場づくり 心理的安全性がチーム力伸ばす」〈白河桃子 すごい働き方革命〉宮本恵理子（『NIKKEI STYLE』2018年9月27日）
『炎上しない企業情報発信——ジェンダーはビジネスの新教養である』治部れんげ著（日本経済新聞出版社、2018年10月）
「女性の職業生活における活躍の推進及び職場のハラスメント防止対策等の在り方について（報告書）」労働政策審議会
「女性活躍推進とハラスメント対策に関する『法律案要綱』答申に対する談話」日本労働組合総連合会

ラクレとは…la clef=フランス語で「鍵」の意味です。
情報が氾濫するいま、時代を読み解き指針を示す
「知識の鍵」を提供します。

中公新書ラクレ
656

ハラスメントの境《きょう》界《かい》線《せん》

セクハラ・パワハラに戸惑《とまど》う男《おとこ》たち

2019年5月10日発行

著者……白河《しらかわ》桃《とう》子《こ》

発行者……松田陽三
発行所……中央公論新社
〒100-8152 東京都千代田区大手町1-7-1
電話……販売 03-5299-1730　編集 03-5299-1870
URL http://www.chuko.co.jp/

本文印刷……三晃印刷
カバー印刷……大熊整美堂
製本……小泉製本

Published by CHUOKORON-SHINSHA, INC.
Printed in Japan ISBN978-4-12-150656-6 C1236

中公新書ラクレ　好評既刊

L244 となりのクレーマー
——「苦情を言う人」との交渉術

関根眞一 著

苦情処理のプロが、1300件以上に対応した体験とそこから得た知見から、相手心理の奥底まで読んで交渉する術を一挙に伝授する。イチャモン、無理難題、「誠意を見せろ」、「ふざけんな！」、詐欺師、ヤクザ……クレーマーとのバトルの実例があまりにリアルだ。こわい、異常だ、はらはらする……でもかなり面白い「人間ドラマ」の数々。「苦情社会」の到来で、どこにでもいる、誰もがなりうるコマッタ人への対処法を一冊にしたベストセラー。

L396 あらゆる領収書は経費で落とせる

大村大次郎 著

飲み代も、レジャー費もかる～くOK！　家も車も会社に買ってもらおう!?　経理部も知らない「経費のカラクリ」をわかりやすく解説。元国税調査官が明かす、話題騒然の実践的会計テクニックとは？　経費をうまく活用することで、コストカットにつながる。領収書を制す者は会計を制すのだ。ふだんの経費申請から、決算、確定申告にいたるまで、総務部も、営業マンも、自営業者も、経営者も、すぐに役立つ一冊。

L527 御社の寿命
——あなたの将来は「目利き力」で決まる！

帝国データバンク情報部＋中村宏之 著

ついに株価が2万円を突破するなかで、「勝ち組」「負け組」企業がはっきりしてきた。そこで問われるのが会社の将来を見抜く「目利き力」だ。どこが本当に伸びる会社なのか。逆に市場から消えゆく会社はどこか。「目利きのプロ」と目されてきた銀行の分析力の低下が指摘されるなど、時代は「目利き力」アップを求めている。帝国データバンクの膨大なデータをもとに「目利き力」とは何か。どのように「目利き力」をつければいいのかを説く。